JN418587

Relation Exchange Economics

# 관계교환경제학

이성섭 저

SSU Press

희생을 떠맡기고
별 즐거움도 안겨주지 못해
언제나 미안한
내 아내 김연희에게
감사를 표하며…

이 책에 조금의 의미라도 있다면
당신의 희생위에서
가능했던 일입니다.

# CONTENTS

머리말 ........ 8

1. 관계교환경제학이란 무엇인가?

Ⅰ. 관계교환과 경로의존성 ........ 13
Ⅱ. 관계교환 질서 ........ 15
Ⅲ. 가격결정의 경로의존성 ........ 17
Ⅳ. 규범질서와 활발한 교환활동 ........ 18
Ⅴ. 관계교환의 존재와 근원성 ........ 20
Ⅵ. 공감-동의 [i]의 차원 ........ 22
Ⅶ. 결어 ........ 24

2. 관계교환 경제학 (關係交換 經濟學)

Ⅰ. 서언 ........ 28
Ⅱ. 공감-동의의 경로의존성 ........ 30
Ⅲ. 복수 개인의 의사결정과 방법론적 개인주의의 한계 ........ 33
Ⅳ. 재산권의 불완전성과 관계교환 ........ 37
Ⅴ. 시장의 가치교환 ........ 43
Ⅵ. 공감-동의비용과 일관적 측정의 불가능성 ........ 47
Ⅶ. 관계교환의 경제학과 가치교환의 경제학 ........ 52
Ⅷ. 결론 ........ 54

3. 열린 경제학과 닫힌 경제학

Ⅰ. 서언 ........ 61
Ⅱ. 애로-드브루 경제학 ........ 63

Ⅲ. 공감-동의 차원 (Sympathy-Consent Dimension) ········· 69
Ⅳ. 교환은 저절로 이루어지는가? ········· 72
Ⅴ. 공감-동의와 경로의존성 ········· 78
Ⅵ. 닫힌 경제학과 열린 경제학 ········· 83
Ⅶ. 요약과 결론 ········· 88

## 4. 법의 지배는 교환 활동에 친화적인가?

Ⅰ. 문제의 제기 ········· 96
Ⅱ. 제도의 불완전성과 관계적 교환 ········· 99
Ⅲ. 관계적교환의 법제도 양식 ········· 103
Ⅳ. 헌재결정(1988-2003)의 교환활동 친화성 판단 ········· 120
Ⅴ. 요약과 결론 ········· 123

## 5. 개인과 사회집단 간의 연결고리로서의 제도

Ⅰ. 코스정리의 세계 ········· 130
Ⅱ. 코스 발상의 기여 ········· 132
Ⅲ. 거래비용의 존재 ········· 133
Ⅳ. 방법론적 개인주의와 전체론적(holistic) 사회현상의 괴리 ········· 135
Ⅴ. 확장된 질서의 생성 ········· 136
Ⅵ. 제도연구를 위한 제언: 자유주의의 경우 ········· 137

## 6. 시장교환, 관계적 교환, 시장기능의 제도적 형식

Ⅰ. 서론 ········· 141
Ⅱ. 5개의 설정과 분석의 틀 ········· 143
Ⅲ. 시장교환과 관계적 교환 ········· 147
Ⅳ. 재산권 제도, 시장기반구성요소, 비즈니스모델 ········· 150
Ⅴ. 재산권 설정이 되는 대상과 안 되는 대상의 구분 ········· 152
Ⅵ. 시장기반구성요소와 비즈니스 모델 ········· 154

VII. p–q 체계와 (p–q, i) 체계 …… 157
VIII. 결론 …… 161

## 7. 제도와 사업심(entrepreneurship) 경제학

I. 서언 …… 166
II. 제도의 실체적 중요성 …… 167
III. 제도와 거래비용 …… 171
IV. 재산권제도의 불완전성과 불안정한 거래비용 …… 177
V. 경로의존성(path dependence) …… 184
VI. 결론적 요약 …… 191

## 8. 상업의 발달과 자유주의 제도의 발달

I. 자유주의: 현대 물질문명 운용의 기관사 …… 195
II. 유럽의 산업혁명 …… 197
III. 상업의 발달: 산업혁명의 배경 …… 199
IV. 베네치아의 독점상권 …… 201
V. 베네치아의 자본주의 …… 203
VI. 지리상의 발견 …… 205
VII. 네덜란드: 상업활동의 절대적 자유 …… 206
VIII. 실용주의와 경쟁력 우위 …… 208
IX. 남북부 유럽간의 연결무역 …… 210
X. 대외협상력에서 강한 정부 …… 212
XI. 식민지 경영과 장거리 연안무역 …… 212
XII. 창고무역과 독점상권 …… 214
XIII. 금융의 주도권과 신용 창출 …… 216
XIV. 자본축적과 국제금융업 …… 217
XV. 상업발달과 제도발달 …… 218
XVI. 산업혁명의 이데올로기 …… 220

XVII. 국민국가 시대의 도래와 계몽주의 사상 ······ 222
XVIII.상업발달과 제도발달의 장기적 순환구조 ······ 223
XIX. 중단기적 제도변화와 정부역할 ······ 224

# 머리말*)

인간은 관계교환(relation exchange)을 하면서 산다. 우정, 애정, 동료감, 신뢰 등의 관계적 행위를 왜 관계교환이라고 부르느냐 하면 이들이 교환활동이기 때문이다. 교환의 의미는 아담 스미스(1776)가 지적한 바대로 분업에 있다. 모든 교환, 즉 관계교환은 분업을 만들어 낸다. 분업이 생산성을 비약적으로 증가시킨다는 것은 이미 아담 스미스가 핀 생산의 사례를 통해서 증언하였다. 이것이 인류가 문명과 물질적 풍요를 이룩해낼 수 있었던 사회 경제 발전의 메커니즘이다.

교환은 저절로 이루어지는 것이 아니다. 우리가 길거리에 지나다니는 사람 아무나 하고 우정을 나누지 않듯이 신뢰(trust)가 있어야 관계교환이 이루어진다. 신뢰는 공감-동의 차원(SCD: sympathy-consent dimension)의 현상을 의미한다. 공감-동의 차원의 현상, 즉 신뢰는 관계교환의 전제조건이다. 애로-드브루 경제학(ADE: Arrow-Debreu economics)에는 공감-동의 차원이 없다. 관계교환경제학(RXE: relation exchange economics)의 언어로 말하자면, 애로-드브루 경제학(ADE)은 공감-동의 초월(SCF: sympathy-consent free) 상태를 의미한다. 언제나 공감-동의가 이루어진다고 본다.

---

*) 일관된 체계로 출판이 가능하도록 원고를 정리해준 숭실대 글로벌통상학과 최나윤, 박지선 조교 그리고 어려운 타이핑과 편집을 맡아준 김수빈, 방민수, 신주원, 이형석 군에게 감사를 표한다. 행정업무에 수고를 아끼지 않은 김수현, 김다혜 조교에 감사를 표한다. 주문이 까다로운 표지디자인을 솜씨있게 소화해준 202그리드 김종일 실장 삼복더위에 거듭된 수정사항을 인쇄공정에 반영해준 파피레드 김경수 실장께 감사를 표한다. 빠른 시간 안에 출판이 가능하도록 서둘러준 숭실대 출판국 임경란 과장께 감사를 표한다.

따라서 애로-드브루 경제학(ADE)에서는 최적화 행동(optimization behavior)이 가능하다. 최적화 행동의 결과 나타나는 균형으로 경제현상을 설명하는 분석이 애로-드브루 경제학(ADE)의 접근방법이다. 이 경제분석 접근방법은 결정적 시스템(determinate system) 분석이다. 최적화 행동과 균형으로 설명되는 시스템에서 개인의 창의적 행동, 예컨대 사업심(entrepreneurship)이 독자적 영역을 주장할 여지는 존재하지 않는다.

관계교환경제학(RXE)의 세계는 신뢰가 작동하는 영역이다. 즉 공감-동의 차원(SCD)이 존재하는 영역이다. 사람들은 인지적 한계 때문에 신뢰(trust)의 범위에 제약을 받으며, 그 제약의 범위 안에서 자신의 목적을 추구하는 행동을 한다. 이것을 만족화(satisficing) 행동이라고 부르기로 한다.[1] 만족화 행동은 경로의존성(PD: path dependence)을 특징으로 한다. 개인들은 최선이라고 생각하지만 우연성의 범주를 벗어나지 않는 과정을 겪으며 형성한 신뢰 그룹은 일단 만들어지면 그 관계가 지속되며 우리의 의사결정에 영향을 주게 된다. 우리는 매번 의사결정을 할 때 마다 새로운 신뢰그룹을 다시 만드는 것이 아니다.

만족화 행동은 최적화 행동이 아니며 경로에 따라서 다른 결과가 나타나게 된다. 즉 관계교환경제학(RXE)은 비결정적 시스템(indeterminate system)이다. 반면에 애로-드브루 경제학(ADE)에서는 최적화 해법이 존재할 뿐이며, 경로의존성이 있을 수 없다.

애로-드브루 경제학(ADE)에서는 관계교환 행위를 인지할 수 없다. 공감-동의 차원이 존재하지 않기 때문이다.[2] 다만 시장의 가치교환(value

1) satisficing은 satisfy와 sufficing의 합성어이다. H. Simon(1956)이 만든 조어(造語)이다. H.Simon은 공감-동의 차원을 생각하고 만족화(satisficing)를 말한 것은 아니다. 필자는 최적화(optimization)와 구분되는 의미로 만족화(satisficing) 개념을 응용하여 공감-동의 차원에서 나타나는 행동으로 채택하였다.

2) 관계적계약(Relational contract)은 결정적 시스템 행동이다.

exchange)이 행해질 뿐이다. 필자의 논문(2012b)은 관계교환의 경로의존적 특성을 이용하여, 관계교환이 가치교환 보다 근원적 행동임을 증명하고 있다.

관계교환경제학(RXE)이 탄생함으로써 경제학은 분석 방법에서 열린 시스템(open system of economics)을 갖추게 되었다.[3] 즉 공감-동의 초월(SCF)의 상태를 가정 함으로써 최적화와 그 결과 나타나는 균형 상태의 분석[4] 뿐만 아니라 분석의 대상도 시장의 가치교환에서 일반 사회생활 전반을 포괄하는 관계교환을 포함하게 된다.[5] 예컨대, 모든 교환은 수요와 공급이 존재하면 저절로 이루어진다고 생각하는 차원 뿐만 아니라[6], 교환이 성사될 수도 있고 안될 수도 있어서 공감-동의에 따라서 교환이 성사되는 것이 가능한 경우의 영역이[7] 모두 포함되는 비결정적 열린 시스템이 된다. 또한 공감-동의 차원의 통로를 통하여 경제학과 법학, 도덕-윤리, 행정, 경영-마케팅, 사회, 철학, 역사, 정치 등과 직접적 분석영역을 공유하게 된다.

관계교환경제학(RXE)은 경제학의 새로운 지평을 여는 접근방법이다. 이 책은 관계교환경제학(RXE)의 탄생과정에 기여했던 또는 그 이론의 주축을 이루는 주요논문들을 수록하고 있다. 1장은 관계교환경제학의 핵심내용과 경제학 접근방법으로서의 의미를 소개를 하고 있다. 2장은 관계교환경제학(RXE) 이론을 정립한 핵심이 되는 논문이다. 2장에서 첫째, 관계교환 행동은 존재하며, 둘째 관계교환 행동은 가치교환 행동보다 근원적이라는 2개의 명제가 증명되고 있다. 3장은 애로-드브루 경제학(ADE)은 결정적 시스템

3) 열린 시스템이란 비결정적 시스템(indeterminate system)을 말한다. 닫힌 시스템(closed system of economics)은 결정적 시스템(determinate system)을 말한다.

4) 애로-드브루 경제학(ADE).

5) 애로-드브루 경제학은 시장의 가치교환 활동만을 분석 대상으로 국한하고 있다.

6) 공감·동의 초월(SCF)의 영역이 된다.

7) 공감·동의 차원(SCD)의 영역이 된다.

이고 닫힌 시스템이며, 관계교환경제학(RXE)은 비결정적 시스템이고 열린 시스템이라는 것이 논구되고 있다. 4장은 관계교환경제학(RXE)을 통로(gateway)로 이용한 법원 판례의 경제분석이다. 공감-동의 차원(SCD: sympathy-consent dimension)을 이용하여 헌법재판소의 결정이 교환활동에 친화적인지를 판단하고 있다.

5장은 관계교환경제학과 직접 관련이 있는 주제는 아니지만, 관계교환경제학(RXE)이 등장하기 전 단계에서 초석의 역할을 한 연구이다. 이 논문에서 개인과 사회집단간의 연결고리가 제도라는 것이 논구되고 있다. 6장은 관계교환경제학(RXE)의 초기 모형으로 발표된 논문이다. 이 논문은 원래 '시장교환, 관계적 교환, 시장기능의 제도적 형식' 이란 원제로 2010년 2월 한국경제학회 공동학술대회에서 발표되었다. 『제도와 경제』 6권1호에 출판된 것은 그로부터 2년후 2012년 2월이다.

7장은 경제분석에서 파악하는 제도의 차원에서 사업심(entrepreneurship)의 존재와 기능을 분석하고 있다. 사업심은 관계교환경제학(RXE)에서 핵심적 개념이지만 이 논문은 관계교환경제학(RXE)이 나타나기 전에 쓴 것이다. 그러나 관계교환경제학(RXE)의 개념이 없이도 사업심 개념이 분석적으로 파악되고 있다. 마지막으로 8장은 경제학사에서 중요한 위치를 차지하는 중상주의 시기 상업발달과 자유주의 발달의 관계를 조명하고 있다. 관계교환경제학(RXE)의 장점은 경제사의 중요성을 파악할 수 있는 이론 틀이란 것이다. 이 논문도 관계교환경제학(RXE)이 등장하기 전에 쓴 것이다. 공감-동의 차원(SCD)이 명시적으로 논의 되지 않지만, 상업발달 즉 교환활동의 발달과 제도의 발달 즉 자유주의의 발달이 서로 맞물리며 이루어지고 있음을 밝히고 있다.

## 참고문헌


이성섭 (2007), "개인과 집단간의 연결고리로서의 제도," 『제도와 경제』1권 1호, 5-15쪽.

____ (2009), "제도와 사업심(entrepreneurship) 경제학," 『제도와 경제』3권 2호, 37-60쪽.

____ (2010), "시장교환, 관계적 교환, 시장기능의 제도적 형식," 한국경제학회 주최 2010년 경제학 공동학술대회에서 발표, 2010년 2월 9일 서울대학교 멀티미디어 강의동.

____ (2011), "법의 지배는 교환활동에 친화적인가?," 한국경제학회 주최 2011년 경제학 공동학술대회, 2011년 2월10일 중앙대학교 법학관.

____ (2012a), "시장교환, 관계적 교환, 시장기능의 제도적 형식," 『제도와 경제』 6권1호, 61-82 쪽.

____ (2012b), "관계교환 경제학," 『제도와 경제』6권 2호, 123-151쪽.

____ (2012c), "관계교환경제학이란 무엇인가?" 『제도와 경제』6권 3호, 5-18쪽.

____ (2013), '열린 경제학과 닫힌 경제학,' 『제도와 경제』7권 2호 게재예정.

Arrow, K, J and Debreu, G. (1954), "Existence of an Equilibrium for a Competitive Economy," *Econometrica*, 22: 265-290.

Simon, H. A. (1956), 'Rational Choice and the Structure of the Environment,' *Psychological Review*, Vol. 63 No. 2, 129-138.

# 1 관계교환경제학이란 무엇인가?[1)]

## Ⅰ. 관계교환과 경로의존성

우리 일상에는 우연적 계기로 해서 행동에 이르게 되는 경우가 많다. 친구를 사귀는 경우가 대표적 예가 된다. 우연히 끌려서 친구로 사귀게 되고 일단 친구가 되면, 이 친구를 사귀는 것이 다른 사람과 친구하는 것과 어느 것이 더 좋은가(효용)을 계속 비교해가면서 우정의 대상을 효용극대화의 계산에 따라 바꾸어가지 않는다. 즉 만나는 사람과 계속 만나게 된다. 이로 인하여 한 사람과의 우정이 습관화되고 다른 사람과 우정을 쌓을 수 있는 기회는 봉쇄되게 된다.

이런 현상은 시장의 교환에서도 마찬가지로 나타난다. 식품점에서 맥주

---

1) 『제도와 경제』6권 3호, 5-18쪽에 게재되었던 필자의 같은 제목의 논문에서 전재함.

를 구입하는 경우를 보자. 다양한 맥주, 다양한 가격대에 여러 선택이 가능한 맥주가 진열되어 있다. 가격대비 최선의 선택은 소비자의 최적화 계산의 결과만이 아니다. 모든 브랜드를 사서 마셔보기 전에는 맥주간 비교가 불가능하다. 모두 시음한 후에도 정확한 평가를 한다는 것은 불가능하다. 인간의 인지능력은 이를 가능하게 할 만큼 되지 못한다. 이를 노려서 맥주제조업자들은 자사 브랜드의 우수성을 소비자에게 각인시키기 위해서 광고 등 다양한 전략을 구사한다.

어느 감성적 광고에 설득된 소비자가 그 브랜드의 맥주를 사서 마시고 그 맛과 가격에 설득되어 계속 그 브랜드 맥주를 구입한다고 하자. 그 결과 다른 브랜드는 비교의 대상이 될 기회를 봉쇄 당하게 된다. 브랜드 이미지로 구매를 결정하지 않고 매장 매니저 권고를 듣고 구매 품목을 결정한 경우도 마찬가지 이다. 구매한 품목이 마음에 들어서(또는 마음에 안 들어서) 다시 같은 품목을 구입하게 되었다면(그 품목을 고려대상에서 제외하였다면) 그 만큼 다른 품목은(그 품목은) 차후 구매 대상에 설 기회를 잃게 되는 것이다.

이것은 관계교환이 본질적을 경로의존성(path dependence)의 특성을 가진다는 것을 말한다. 관계란 그 자체가 경로의존적 행태를 의미한다. 관계교환은 경로의존적이며, 경로의존성이 존재하지 않는다면 관계란 존재할 수 없다. 경로 의존성은 관계교환의 필요조건이다.

구매의사결정에서 관계교환이 필요조건이 된다는 것은 가격이 구매의사결정에서 역할을 하지 못한다는 의미가 아니다. 가격이 구매의사결정에 이르는 중요한 요인이지만, 그것만으로 의사결정에 이르게 되는 것이 아니라 보조적으로 또는 그 이상으로 관계교환, 즉 공감-동의 (예컨대 신뢰)의 과정이 역할을 한다는 것을 의미한다. 인간은 인지적 한계(bounded rationality) 또는 정보 불완전으로 인해서 가치계산에 의한 판단만으로 의사결정에 이르기에는 부족하다. 표준화된 상품의 구매에서는 상대적으로 관계교환의 역할이 차지하는 비중이 작지만, 인력채용, 투자결정과 같은 의사결정에서는 관계교환의 역할이 가치계산에 의한 판단보다 못지 않게 중요해진다.

우리 일상에는 관계교환 행동과 경로의존적 의사결정 행태가 비일비재하다. 아니 대부분 이런 식의 경로의존적 의사결정에 이르게 된다. 친구를 사귀고, 동업자를 결정하고, 사업거래관계를 만들고 할 때뿐만 아니라, 주식투자를 할 때까지도 대체로 에널리스트의 권고에 따른다. 어느 에널리스트에 신뢰가 가니까 그 권고를 따르는 것이다. 외환투자를 할 때도 마찬가지이다. 그 국가의 신뢰도에 대한 주관적 판단이 전문가 또는 신용평가 기관, 언론의 논조에 의존한다.

이렇게 시장의 가치교환을 성사시키는 심정적 믿음의 영역은 이제까지 경제학연구의 대상에서 빠져있던 부분이다. 그러나 이러한 믿음의 교환은 실제로 존재하고 있다. 이것을 관계교환(relation exchange)이라고 부른다. 즉 시장의 가치교환은 믿음의 교환, 즉 관계교환과 동시에 진행되는 현상이다.

## Ⅱ. 관계교환 질서

시장의 가치교환은 없고 믿음의 교환, 즉 관계교환만 이루어지는 경우도 있다. 보다 정확히 하자면, 시장의 가치교환이 수반되지 않는 관계교환만 이루어지는 경우가 우리 일상에서는 훨씬 더 빈번하다. 가정의 가족간에 일어나는 대부분의 일상생활, 친구, 직장동료, 애정관계의 연인, 시기 질투하는 사람 사이에 일어나는 관계 등 대부분의 믿음 또는 불신, 애정과 증오를 수반하는 활동 들이다.

신뢰교환은 이러한 관계교환의 가장 표준적 모습이지만, 신뢰라는 어휘의 구속성에서 벗어나기 위해서 관계교환의 매개활동을 공감-동의(public consent) [i]라고 표현하기로 한다.[2)]

관계교환이 그 동안 경제학 연구의 대상에서 빠져있었다는 것은 미스터리가 아닐 수 없다. 시장 가치교환은 분업을 가능하게 한다. 분업이 어떤 효능을 주는 지는 아담 스미스의 국부론 핀 생산공장의 예가 잘 표현하고 있다. 이것은 아마 아담스미스의 직접적 관찰의 기록이 아닌가 싶다. 10명의 노동자가 18공정을 나누어 수행하는 핀 생산공장에서 분업은 노동생산성을 240배 내지 4800배 증가 시키는 것으로 묘사되고 있다. 분업이란 전문화를 의미한다. 사실 현대사회는 전문화의 사회이며 이것이 현대사회에서 우리가 물질적 풍요를 누리게 된 근본요인이다.

그런데 분업은 시장의 교환으로만 나타나는 것이 아니다. 분업은 관계교환에서 더 확실하게 나타난다. 물론 시장의 가치교환은 분업 전문화의 강도를 훨씬 크게 하지만 그러나 분업이 빈번하고 근원적 현상으로 나타나는 것은 관계교환을 통해서 이다. 가족간의 분업을 생각해보자. 주부는 가사일을 전담하고, 남편은 생활비를 벌어온다. 자녀들은 부모의 보살핌 속에서 장래를 위한 학업과 신체적 정신적 성장을 위한 생활을 한다. 친구간의 협업과 분업, 조직생활의 동료간의 분업이 또 다른 예이다.

---

2) 여기서 [i]는 공감-동의가 함수관계로 측정될 수 없음을 강조하기 위해서 특별한 표기로 병기하였다.

사실 이 모든 관계교환활동이 공감-동의 [i]를 통하여 이룩되는 분업활동을 만들어 간다. 잘 생각해보면, 이 관계교환활동으로 이루어지는 질서, 즉 관계교환질서가 인간사회의 가장 기본적 질서임을 알 수 있다. 이 질서는 하이에크(Hayek)가 생각하였던 자생적 질서와 다름 아니다. 하이에크는 다만 시장활동에 국한하여 이 질서를 파악하려 했다는 점에서 차이가 있다. 하이에크는 비시장적 질서를 따로 설정해서 이것을 인위적 질서(taxis)라고 명명하고 있다. 마찬가지로 코스(Coase)도 조직활동과 시장교환활동을 구분하고 거래비용(transaction cost)으로 이 둘의 관계를 연결하고 있다.

그러나 관계교환질서의 개념으로 보면, 하이에크의 자생질서와 인위적 질서, 코스의 시장가치교환활동과 조직활동이 하나로 통합되게 되며, 오직 관계교환질서만 존재하게 됨을 보게 된다.

## Ⅲ. 가격결정의 경로의존성

전통적 경제학의 분석은 가치교환(value exchange)을 대상으로 하고 있다. 가치교환은 가격을 매개로 하는 교환이다. 이 주류경제학을 편의상 애로-드브루 경제학(ADE: Arrow-Debreu economics)라고 명명한다. 가치교환은 재산권 확립을 전제로 하고 있다. 여기서 재산권이란 개념적 분할성에서부터 법적 집행에 이르기까지 관계자들의 공감-동의가 완전하게 확보된 상태를 의미한다.

완전한 의미의 재산권이란 실제로 존재하지 않는다. 재산권이 불완전하다고 거래가 이루어지지 않는 것은 아니다. 관계교환의 도움으로 거래가 이루어진다. 이것이 관계교환 경제학(RXE)의 특징이며 ADE(애로-드브루 경제학)과 극명한 차이를 보이는 대목이다.

ADE에서는 시장의 가격결정에서 경로의존성이 있을 수 없다. 최적화의 결과로 수요가격과 공급가격이 결정되며, 수요와 공급의 균형에 의해서 결정되는 균형가격이 존재할 뿐이다. 그러나 RXE에서는 시장의 가격결정에서 경로의존성이 존재하게 된다. 실제로 거래는 주변사람들의 추천을 받아서, 광고를 보고 설득되어서, 기업이 믿음이 가서 등의 관계를 통해서 거래가 결정되며 이때 결정되는 가격은 다른 관계상황의 거래가 이루어질 때 결정된 가격과 같다고 볼 수 없다. 그 후 전개되는 이 제품의 가격은 다른 관계상황의 거래를 가정할 때의 가격 시퀀스와 같다고 볼 수 없다.

다른 예로 신뢰가 있는 사회와 그렇지 못한 사회가 있다고 할 때, 전자의 경우 거래가 활발해서 이루어지는 가격(대량생산과 기술혁신으로 낮은 가격일 수 있다)과 후자의 사회에서 거래가 활발하지 못하기 때문에 이루어지는 가격(높은 가격)은 같지 않다.

시장교환 뿐만 아니라 비시장의 관계교환에서는 경로의존성의 차이가 더욱 분명해진다. 신뢰가 있는 사회에서 관계교환이 활발하여 사회적 교류가 활발하면 경제 및 사회발전이 쉽게 이룩된다. 반면 신뢰가 없는 사회(예컨대 원시 정글생활)는 관계교환이 제한적이고 경제 사회발전을 기대하기 어렵다.

## Ⅳ. 규범질서와 활발한 교환활동

다수 개인간의 공감-동의 [i]에 기반을 둔 관계교환활동이란 무엇인가? 이것은 관계교환이 원활히 이루어지기 위해서 필수적으로 다수 개인간에 공감-동의 [i]의 기반이 존재해야 함을 말한다. 가족애, 우정, 동료의식, 소속집단 구성원의 공동체유대(fraternity) 등이 관계교환을 만들어가는 관계네트워크 라면, 관계교환을 원활하게 하는 공감-동의 [i]는 신뢰와 같은 질서를 의미한다. 관계교환이 단순한 사적 유대(crony)에 의해서 작동한다면 이것은 후진적 관계교환질서이다. 관계교환이 책임성(accountability), 투명성(transparency), 예측성(predictability), 개인의 독립적 자유(individual liberty) 등에 기반을 둔 공감-동의 [i]의 구도에서 만들어진다면 이것은 선진적 관계교환질서가 된다.

인류는 반복적 역사경험을 통해서 관계교환의 확대를 도모 하였고, 그 제도적 기반으로 이러한 도덕질서의 원리를 찾아내게 되었다. 법의 질서는 이러한 도덕질서의 원리에서 기반을 두고 있다고 볼 수 있다.

축의 시대(the Axel Age)라고 일컬어지는 기원전 500년을 전후한 시기에 종교와 도덕질서가 분명하게 드러나게 된다. 이 시기를 전후하여 관계교환을 활발하게 이루어지게 된 것으로 보인다.[3), 4)] 재산권제도는 인류사에서 나타난 제도발전의 가장 최근 단계라고 볼 수 있다. 인의(仁義)에 입각한 예의 확립을 전제로 한 도덕질서 그리고 법치질서 위에서 재산권제도가 성립하게 된다.[5)] 즉 시장의 가치교환을 태동시키는 전제조건으로서의 재산권제

3) 『맹자』는 양 혜왕과 맹자 간의 대화로 시작된다. 양 혜왕은 멀리서 찾아온 맹자에게 연로하신 분이 천리를 멀다 않고 예까지 오셨으니 내 나라를 이롭게 할 방도가 있으시겠지요라고 묻는다, 맹자는 왕께서는 하필 이익(利)를 말하십니까? 인의(仁義)가 있을 뿐입니다라고 답한다. 맹자의 대답은 단순히 인의와 예에 입각한 도덕질서를 주장한 것이 아니다. 인의가 확립되어야 관계교환이 활성화된다는 것을 의미한 것이라고 보아야 한다. 관계교환의 활성화가 분업의 확대를 가능하게 하고 그래야 경제적 번영, 즉 국부를 창출하게 되는 것이다. 즉 맹자시대에 국부론은 인의에 기반을 둔 예의 확립이었던 것이다.

4) 축의 시대에 도덕 질서의 확립을 기반으로 이룩한 활발한 관계교환이 만들어낸 경제적 번영은 당시의 시대상황에서 미루어 보건대, 최근 산업혁명 또는 산업화를 통해서 이룩된 경제적 발전 못지 않은 변화를 인류에게 가져오지 않았을까 짐작된다.

5) 법치질서도 최근 자유민주주의 확립을 통해서 성립하게 되었다. 그 역사가 500년도 채 안된다는 말이다.

도는 도덕질서 확립 이전에는 성립하지 못하였다는 것을 말한다. 실제로 근대사회의 법치질서가 성립되기 이전에는 개인 재산권의 성립과 집행에서 공공의 공감–동의 [i]가 수반되는 일반적 재산권제도는 존재하지 않았으며, 다만 무력에 의한 일방적 재산권의 주장과 강요가 존재하였을 뿐이다.[6)]

## Ⅴ. 관계교환의 존재와 근원성

필자의 논문(2012 b)은 RXE에서 근간이 되는 2개의 명제('명제 UMPCC'와 '보조명제 FRX')를 증명하고 있다. '명제 UMPCC'는 관계교환이 시장의 가치교환과 별개로 존재하고 있음을 증명하고 있다. '보조명제 FRX'는 관계교환이 가치교환 보다 더 근원적 현상임을 증명하고 있다. RXE에서 결정적 중요성을 가지는 2개의 명제는 인간행동의 경로의존적 성향, 즉 관계교환 행동의 존재를 가정으로 하여 입증된다.

경로의존성은 관계교환의 필요조건임을 언급한 바 있다. 또한 관계교환 활동이 모든 사람의 일상에서 대부분을 차지하고 있다는 점은 모두에 기술한 바와 같다.

이 두 명제가 가지는 의미는 엄청나다.

시장의 가치교환은 관계교환의 특수 상황에 불과하다는 것이다. 다수 개

---

6) 이 점에서 아담 스미스를 해석함에 있어서 '보이지 않는 손'을 강조하는 것은 적절하지 않은 것으로 보인다. 이 점의 지적은 김성배교수(숭실대 행정학과)와 대화에서 힌트를 얻었음을 밝힌다. '보이지 않는 손'이 암묵적으로라도 도덕질서의 근원성, 그 위에 자유민주주의 토대 위에 성립된 법치, 그리고 그 기반 위에 최근세에 이르러서 확보된 개인의 기본권으로서의 재산권, 이것을 기반으로 해서만이 시장의 교환활동이 가능하다는 사실을 훼손하는 의미를 담고 있다면 그것은 잘못이다. 같은 자유질서 이지만, 정글생활의 관계교환 질서(또는 무질서)와 법치에 기반을 둔 자유로운 교환질서는 같지 않다. 물론 이 부분의 논리에서 남아 있을 잘못은 필자의 몫이다.

인이 함께 살아가는 인간생활에서 개인의 재산권이 확보되는 경우는 특수한 경우일 뿐이며, 대부분은 그것이 확보되지 않은 상태에서 관계교환활동을 통해서 교류하며 살아가게 된다. 우정, 애정, 신뢰 등에 재산권을 확립하기란 불가능하다. 재산권이 확보된 것으로 보이는 대부분의 물건과 유형-무형 자산도 실상은 부분적으로 재산권이 확보되고 있을 뿐이거나 부분적으로 재산권이 확보되지 못하고 있을 뿐이다. 시장의 가치교환 자체도 (재산권이 확보된 또는 부분적으로 확보되고 관계교환의 보조적 역할에 의해서 거래가 이루어지는) 관계교환의 특수 상황일 뿐인 것이다.

이것은 전통적 경제학 즉 ADE의 접근방법, 즉 모든 경제현상은 가격 또는 비용으로 계산이 가능하다는 사고에 정면으로 배치되는 의미를 가진다. 가치가 먼저가 아니고 관계가 먼저라는 것이다. 관계는 공감-동의 [i]의 (복수 개인간의 다양한 기회주의적 행태를 포함하는) 무수한 가능성을 말한다. 가치는 그 가치에 대하여 복수 개인간에 일치되는 완전한 공감-동의 (PCF: public-consent free)를 의미한다. 즉 완전한 재산권이 확보되는 상태이다. 완전한 공감-동의(PCF)에 이르게 되면, 관계교환은 사라지게 되며, 경로의존성도 작동하지 않게 된다. 즉 ADE의 세계가 된다. 가치교환 세계는 관계의 특수한 상황(PCF)에서 나타나는 관계교환 세계의 부분집합일 뿐이다.[7] 이것은 가치의 척도로 관계상황을 평가 비교하는 시도가 성공할 수 없음을 말한다.

---

7) 이 가치와 관계간 개념의 전도가 충격적이어서 RXE가 시장의 교환활동에 배치되는 함의를 가지는 것은 아닌가 하는 의구심이 든다면, 그것은 RXE의 논지와 정반대 임을 분명히 할 필요가 있다. RXE는 오히려 시장의 가치교환이 더 활발하게 일어나는 상태가 사회 및 경제발전에 이르게 된다는 점을 밝히고 있다. 가치교환이 크기에서나 비중에서 커질수록 교환활동과 사회적 분업은 더 활발해짐을 의미한다. 산업혁명 이후 그리고 자유민주주의와 그 실현양식으로서 재산권 및 법치주의 정착 이후 가치교환 활동은 급격히 확대되었다.

## Ⅵ. 공감-동의 [i]의 차원

복수 개인간의 이해가 갈등하는 경제문제를 어떻게 분석적으로 접근하느냐 하는 것은 경제학의 기본과제였다. ADE에서는 방법론적 개인주의를 견지하였다.[8] 이 문제를 가장 정확히 파악한 것은 공공선택학파(PCS: public choice school)와 코스(Coase)이다. 코스(1960)는 'The Problem of Social Cost' 에서 이 문제를 제기 하였지만 거래비용이 영인 경우에 국한하여 두 당사자의 효용(이득)을 직접 비교함으로써 문제해법을 구하여 정면에서 문제를 다루기 보다 문제를 우회하였다고 할 수 있다. 신제도주의 경제학(NIE: new institutional economics)은 코스가 제기한 문제를 서로 입장이 다른 두 개의 접근방법으로 즉, 재산권 접근방법(PRA: property right approach)과 거래비용 접근방법(TCA: transaction cost approach)을 통하여 천착하고 있다 (Grossman and Hart 1986).

PCS(공공선택학파)는 문제를 제기하였으나 뚜렷한 접근방법에 수렴하기보다 다양한 접근방법이 계속 시도되고 있는 상황이다 (Buchanan and Tullock 1962). 게임의 접근방법은 방법론적 개인주의에서 벗어나지 않으면서 협력 및 비협력 게임의 해결점을 제시함으로써 문제에 접근하는 두 개의 초점영역을 찾아주는 강력한 방법론 역할을 하고 있다.

이들 접근방법은 공통적으로 개인의 효용(이득)을 계산하여 효용(이득)을 비교하는 의사결정을 하는 과정을 방법론으로 채용하고 있다.[9] 이 공리주의 방법론은 경제학의 학문적 토대이다. 문제는 인간의 제한적 지능이 이런 불

8) 사회후생함수의 접근방법은 대체로 실패라고 볼 수 있다.

9) 이것이 가치의 척도로 관계상황을 평가 비교하는 시도이다.

가능할 정도의 복잡한 상황분류와 계산을 감당할 수 있느냐 하는 것이다. 인간지능의 한계에 비하여 기회주의 성향의 가능성은 커서 한 당사자가 자신의 이익을 주장하면 상대방은 더 교묘해지고 교활해지는 것이 현실이다. 게임으로 복수 개인간의 이해관계 대립과 다양한 기회주의적 행태로 나타나는 상황을 일반화하는 모델을 제시 할 수는 없다.

인류사학적으로 인간사회는 복수개인간의 이해갈등이라는 이 원초적 문제를 어떻게 해결해 왔는가? 관계교환을 통해서라고 할 수 있다. 대표적 관계교환은 신뢰의 교환이다.[10] 신뢰가 존재하는 양태는 다양하다. 우정, 동료애, 결사동지애 등에서 출발하여 자기책임성(accountability), 투명성(transparency), 공정성(fairness), 개체 자유(individual liberty) 등에 이르기까지 발전단계의 특징을 가지고 발전해왔다. 이 과정에서 도덕, 윤리가 나타나고, 법규범이 만들어졌다.[11]

일단 관계교환 가설을 받아들이면, 관계교환이 시장의 가치교환 보다 더 근원적 현상이라는 결과에 이르게 된다. 사람들은 관계교환 행위와 함께 살아가고 재산권이 확보된 대상에 대해서만 부분적으로 시장의 가치교환 행위를 하게 된다. 문명의 발달, 자본주의, 법치주의, 자유민주주의, 기본권, 재산권 등의 발전은 이러한 시장가치교환의 비중을 높여주었다. 특히 산업혁명 이후에 산업사회에서 시장가치교환의 비중은 획기적으로 신장하였고 그 성장은 계속되고 있다. 그럼에도 불구하고, 관계교환은 예나 지금이나 시장가치교환의 근원적 기반을 형성하고 있다.

---

10) 최근 저서에서 Cooter & Schafer (2012)는 double trust dilemma라고 이 문제의 존재를 인지하고 있다.

11) 이 논문 마지막 절(결어)에서, 이러한 복수개인간 이해갈등 문제에 대한 개인의 대응이, 신뢰관계의 수립을 통해서 이루어지는 (인지학자들이 말하는) 만족화(satisficing) 행태임을 밝히게 된다.

일단 관계교환이 시장가치교환의 근원으로 확립되면, 가치(이득)을 평가 비교하여 복수개인간의 이해갈등 문제를 해결하려는 시도 (NIE 또는 게임)은 본질적으로 난관에 봉착하게 된다 (Grossman and Hart 1986, Baker, Gibbons and Murphy 2002).[12] 관계교환이 경로의존성(PD)과 다름 아니기 때문에, 관계교환의 차이가 경로의존성에 영향으로 효용(이득 또는 비용)의 계량 척도 자체를 변화시키기 때문이다. NIE 접근방법(PRA 또는 TCA)이나 게임접근방법은 관계교환 또는 경로의존성이 존재하지 않는 상황(PCF)에서만 유효한 접근방법이 된다.

## Ⅶ. 결어

관계교환은 인간행동의 가장 기본적 행동양식이다. 인지과학자들(Simon 1956)은 사람들이 인지적 한계 때문에 최적화(optimizing)를 추구하기 보다 만족화(satisficing)을 추구하는 경향이 있다고 본다. 관계에 의존한 신뢰교환 (또는 공감-동의 [i])를 통하여 의사결정에 도달한다. 그 결과가 만족스러우면 그 신뢰관계는 지속되고 그렇지 못하면 신뢰관계는 변화하게 된다. 즉 신뢰관계는 만족화(satisficing)의 구현양식이 되는 것이다.

관계교환은 그 자체로 경로의존적이다. 이것은 관계교환이 시장 가치교환보다 더 근원적 행동양식임을 의미한다. RXE는 경제학 접근방법에 새로운 지평을 열어준다. 시장에 대한 이해가 근본적으로 달라지게 된다. 시장은

12) 관계적 계약(relational contract)은 관계교환(또는 경로의존성)이 존재하지 않는 상황(PCF)에서만 성립될 수 있다.

제도 및 자본, 기술 등 축적요소의 집합으로 이해되며, 혁신 사업모델을 도입하는 사업가(entrepreneur)가 시장행동의 주체가 된다. 외연적으로 법, 도덕, 행정 등 사회과학과의 교류가 가능해진다. 역사, 철학 등의 요소가 중요해진다.

지금까지 경제학에서 난제로 생각된 여러 문제(예컨대, 세이법칙과 케인즈 경제학의 퍼즐)가 해결의 실마리를 찾는다.[13] 정부의 역할(예컨대, 산업정책, 금융감독)이 새롭게 정의된다. 경제발전모형의 국가적 시대적 비교가 가능해진다.

무엇보다 지금까지 경제활동에 포함되지 않았던 관계교환활동이 경제활동으로 편입되어 분석될 수 있게 된다. 관계교환으로 분석이 가능해지는 이러한 현상에 대한 사례연구가 다양한 분야에서 시도될 필요가 있다.[14]

13) 가치교환거래가 관계교환과의 보완작용을 통해서 성사됨을 고려한다면, 경제위기 상황에서는 일반적 불안심리로 인해서 공감-동의 [i]가 성사될 가능성이 낮아지게 된다. 가치교환 거래는 감소하고 반면에 화폐에 대한 보유(hoarding)가 증가한다. 이것이 케인즈의 유동성함정으로 보인다.

14) 공유재산(CPR: common pool resources) 관리에 대한 Elinor Ostrom 교수의 일련의 사례연구(1990)는 시사점을 준다.

## 참고문헌


맹자, 『맹자』, 박경환 번역(2005), 홍익출판사.

이성섭 (2007), '개인과 집단간의 연결고리로서의 제도', 『제도와 경제』 1권1호, 5-15 쪽.

______(2010), '시장교환, 관계적 교환, 시장기능의 제도적 형식', 한국경제학회 주최 '2010 경제학 공동학술대회' 2010년 2월, 한국제도-경제학회 세션, 서울대학교 멀티미디어 강의동.

______(2012 a), '시장교환, 관계적 교환, 시장기능의 제도적 형식', 『제도와 경제』 6권1호, 61-82 쪽.

______(2012 b), '관계교환 경제학', 『제도와 경제』 6권2호, 123-151 쪽.

Baker, G., R. Gibbons and K. J. Murphy (2002), 'Relational contracts and the Theory of the Firm,' *The Quarterly Journal of Economics*, Vol. 117 No. 1, 39-84.

Buchanan, J. M. and G.Tullock (1962), *The Calculus of Consent*, The University of Michigan Press.

Coase, R. (1937), 'The Nature of the Firm', *Economica* n.s., 4(November 1937).

______(1960), 'The Problem of Social Cost', *The Journal of Law and Economics*, 3 1-44, The University of Chicago Press.

R. D. Cooter and H. B. Schäfer (2012), *Solomon's Knot: How Law Can End the Poverty of Nations*, Princeton University Press.

Grossman, S. J. and O. D. Hart (1986), 'The Costs and Benefits of Ownership: A Theory of Vertical and Lateral Integration,' *Journal of Political Economy*, Vol. 94 No. 4, 691-718.

Hayek, F. A. (1982), *Law, Legislation and Liberty*, Routledge & Kegan Paul.

Rhee, S. S. (2011), 'Is the Rule of Law Friendly with Exchange Activities?,' presented at 2011 Institutions and Economics International Conference, which was hosted by JAAE (Japan Association for Applied Economics) and KIEA (Korea Institution and Economics Association), and convened at Fukuoka, Japan in August 17–18, 2011.

Simon, H. A. (1956), 'Rational Choice and the Structure of the Environment,' *Psychological Review*, Vol. 63 No. 2, 129–138.

Elinor Ostrom (1990), *Governing the Commons: The Evolution of Institutions for Collective Action*, Cambridge.

Oliver E. Williamson (1985), *The Economic Institutions of Capitalism: Firms, Markets, Relational Contracting*, The Free Press.

# 2 관계교환 경제학 (關係交換 經濟學)[1)]

## Ⅰ. 서언

가치의 교환은 아담 스미스(1776) 이래로 경제학의 분석대상이다. 그러나 재화 뿐만 아니라 무형의 행위, 예컨대, 우정, 동료애, 소속감, 관심, 애정 등에 이르기까지 우리 생활의 대부분은 사람들 사이에 이러한 교환 교류 행위로 채워져 있다. 모두가 합리적 자기애(self love)에서 출발한 교환 교류 행위이다. 차이는 전자의 경우 가치로 교환의 척도로 삼고 있는데 비하여 후자의 경우 가치의 결정과 평가가 불가능하고 대체로 교류하는 사람들 간에 공감-동의에 의존한다는 점이다.

1) 『제도와 경제』6권 2호, 123-151쪽에 게재되었던 필자의 같은 제목의 논문(2012b)에서 전재함.

이러한 행위를 본 연구에서는 관계교환이라고 칭하고 있다.

관계교환 행위는 재산권 제도가 도입되기 이전 원시사회에서부터 존재해 왔다. 그리고 재산권 제도가 잘 발달된 작금에 와서도 인간 행동의 기저에 기본적 습성으로 자리잡고 있다.

재산권의 불완전함은 제도적 문제가 있어서 발생하는 문제라기 보다 재산권의 본유적 특성이다. 예컨대 정보비대칭은 구조적으로 회피가 안되는 문제이다. 정보비대칭을 이용하여 기회주의적 행동이 가능하다는 것은 재산권이 본유적으로 불완전할 수밖에 없는 구조적 이유이다.[2)] 재산권 제도의 불완전성이 본유적 특성이라면, 관계교환은 이러한 불완전성을 보완하여 교환이 이루어지도록 하는 역할을 한다.

가치교환과 관계교환의 관계를 구명하는 것이 본 연구의 목적이다.

이 두 행위의 관계를 설명하는 것은 경제학에 결핍되어 있는 제도적 차원의 요소를 설명하는 것이 된다. 이 분야의 연구는 코스(1937, 1960)에 의해서 2차례 걸쳐서 설명되었지만 불완전한 설명이었다는 것이 본 연구의 입장이다.

코스는 가치교환을 전제로 하고 그 바탕 위에서 제도문제를 설명하고 있다. 그러나 인간 사회에는 제도 특히 재산권 제도 보다 먼저 관계교환의 질서가 존재하였고 그 훨씬 이후에 부분적으로 재산권 제도가 도입되었다. 즉 재화의 가치 결정과 측정은 오직 근세에 들어서야 부분적이고 우연적으로 그리고 불완전하게 도입되었다. 가치교환이 도입된 이후에도 그 불완전성을 보완

2) 재산권의 불완전성은 법적 문제라기 보다 경제분석상의 의미이다. 교환의 지점에 이르기까지 그리고 법적 집행에 이르기까지 재산권의 유효성에 발생하는 문제를 지적하고 있다.

해주는 행위가 공감-동의를 매개로 하는 관계교환활동이라고 할 수 있다.

II절은 공감-동의에 경로의존성이 있음을 확인한다. 복수 개인간의 공감-동의가 방법론적 개인주의의 영역을 벗어나는 다수 개인간의 합의과정을 거쳐서 이루어지는 문제임이 III절에서 확인된다.[3] 재산권의 불완전성이 관계교환 활동으로 보완되는 과정이 IV절에서 지적된다. 재산권 제도의 도입으로 시장의 가치교환이 발생하는 현상이 V절에서 분석된다. VI절에서 공감-동의비용을 일관적으로 측정할 수 없음이 논구된다. 이것은 중요한 현상으로 관계교환 활동이 가치교환 보다 더 근원적 행위임을 확인하는 것이다. VII절은 관계교환 경제학과 가치교환 경제학이 비교된다. VIII절은 요약과 결론을 정리하고 있다.

## II. 공감--동의의 경로의존성

아커로프(Akerlof 1970)는 정보비대칭과 이를 이용하여 공급자가 의도적으로 결함을 가진 재화를 공급하고 수요자가 정보부족에 직면할 경우, 시장에서 결함을 가진 재화만 유통되고 양질의 재화가 공급되지 않는 그래셤 법칙이 지배하게 되어 시장실패 가능성이 있음을 지적하고 있다.

이 문제가 중요한 것은 정보비대칭의 문제와 '악화가 양화를 구축한다'는 그래셤(Grasham) 현상이 경제학의 근본적 문제라는 데 있다.

---

3) 복수 개인간의 공감 동의과정은 공공선택이론에서 다수 개인간의 동의(public consent)개념을 의미한다. 이 점에서 아담 스미스 (1769)의 공감(sympathy)의 개념과 차이가 있다.

아커로프는 65세 이상 노인의 건강보험이 시장에 존재하지 않는 현상을 예로 들고 있다. 보험료가 인상되어도 더 나쁜 건강상태의 노인이 보험가입을 시도하는 상황이 발생하여 보험시장이 성립되지 못한다. 그러나 거래가 성립되지 못한 재화의 문제뿐만 아니라, 시장에 거래되는 재화의 경우에도 불확실한 품질문제는 어느 재화에서나 존재한다.

시장의 소비자들은 재화를 구입하여 사용하기 전에는 재화의 품질을 확인할 방법이 없다. 직원을 채용할 경우(Hart and Holmstrom 1987), 투자를 결정할 경우(Williamson 1975, 1985), 이 도덕적 위해(moral hazard)의 문제는 더욱 심각해진다.

현실적으로 누가 도덕적 위해를 가할지, 도덕적 위해의 내용이 어떤 것인지 알 수가 없다는 것이 문제의 심각성이다. 사실상 정보비대칭의 구도 자체가 명확하지 않은 것이다. 불완전한 정보라고 하는 것이 보다 정확한 표현이다.

정보의 불완전성이 거래를 방해할 수는 있어도 거래를 차단하지는 않는다. 불확실한 정보상태에서 거래는 이루어진다. 어떻게 거래가 이루어지는가? 이 연구에서 주목하는 것은 정보의 불완전 상태에서 거래가 이루어질 때, 시장거래와 함께 거래 당사자 간에 신뢰를 확인하는 공감-동의 과정이 동시에 진행된다는 것이다. 이것은 보편적 현상이다. 이 공감-동의를 매개로 한 교류현상을 불량-우량식품의 경우를 아래 [그림: 공감-동의 과정의 경로의존성]을 가지고 예로 들어 살펴보면 다음과 같다.

같은 가격에 복수의 재화가 시장에서 구매자의 선택을 기다리는 서로 경쟁적 입장에 있다고 하자.

[그림] 공감-동의 과정의 경로의존성

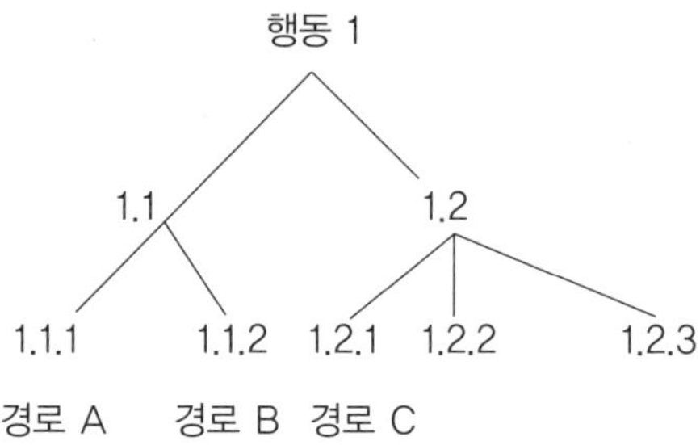


어느 재화가 더 우량이고 또는 덜 우량 또는 불량인지 구분할 수 없다. 공급기업의 입장에서도 객관적 평가가 일정하지 않고, 소비자의 입장에서도 마찬가지 이다. 구매해서 소비하기 이전에는 주관적 입장에서도 그 제품에 질적 평가를 내릴 수 있는 입장에 있지 않다고 볼 수 있다.

구매자의 입장에서 본다면, 제품의 구매선택이 이루어지는 과정은 경우에 따라 다르다. 예컨대, 위 그림에서 행동1의 상황에서 매장의 매니저에게 물어서 특정제품을 선택하였다고 하자. 이 소비자가 그 구매한 제품을 사용하여 만족한 결과를 얻었다면 이 소비자는 다음 구매의 기회, 즉 행동1.1에서 매장의 매니저를 신뢰하게 되며 그의 추천에 귀를 기울이게 된다. 다시 매니저 추천에 만족하게 되었다면, 더욱 매니저 추천을 신뢰하게 되는 행동 1.1.1에 이르게 된다. 경로 1.2 또는 경로 1.1.2는 경로 1.1.1과 가격에 의한 경쟁의 기회를 갖지 못하게 된다.

우연히 매장 매니저에게 제품 품질에 대하여 문의하였다는 우연적 사건이 이 소비자의 식품구매 의사결정에 영향을 미치게 되는 것이다. 즉, 소비자의 의사결정과정이 경로의존성의 경향을 보이게 된다.

● **정의 PD(Path Dependence: 경로의존성)**: (우연한) 역사사건이 결과의 결정에 영향을 미치는 현상을 경로의존적이라고 정의한다.[4)]

정보가 불완전한 상황에서 구매자의 구매선택은 경로의존적 공감-동의 확인 과정을 거쳐서 이루어진다. 물론 합리적 가격비교에 의해서 이루어지는 판단이 중요하다. 그러나 가격비교에 의한 구매의사결정이 이루어지는 경우에도 보조적으로 신뢰를 확인하는 공감-동의 과정이 수반되고, 이것이 가격 비교 구매의 의사결정에 영향을 미치게 된다. 그 결과 시장의 거래는 개인간 공감-동의 과정에 의해서 영향을 받는 결과가 나타난다. 경로의존적 경향을 동반하게 한다.

## III. 복수 개인의 의사결정과 방법론적 개인주의의 한계

제도는 사람과 사람의 공감 및 동의 관계 속에서 나타나고 정의된다. 개인만 존재한다면 제도를 정의할 수 없다. 이 점에서 제도의 문제는 본질적으로 방법론적 개인주의의 접근방법으로 정의될 수 없다는 것이 이 연구의 입장이다.

예컨대, 애로-드브루(Arrow-Debreu)의 경제학체계(이후부터 AD 경제학)는 제도를 정의하기에 부적합하다.[5)] AD 경제학에서 개인은 의사결정의 주체이며, 효용의 극대화를 목적으로 하는 합리적 최적화 과정을 거쳐 의사결정에 이르게 된다. 개인과 개인간의 교환 교류는 가격을 매개로 이루어질 뿐이다.[6)]

---

4) 균형분석은 출발점 위치에 상관없이 균형해에 도달하게 된다. 즉 경로의존적이지 않다.
5) 혹자는 Arrow·Debreu·McKenzie 경제학으로 부르기도 한다.
6) 복수 개인간의 교류가 가격을 통해서 이루어지는 현상은 균형가격 결정과정으로 묘사되고 있다.

이러한 AD 경제학의 의사결정과정은, 복수 개인간의 공감-동의를 매개로 이루어지는 거래 등 현실적 문제를 포함하지 않는, 이론분석구도에 기반을 두고 있다. 이 문제는 곧 이어 등장하게 되는 관계교환에 의해서 구체화된다.

개인은 온전히 간섭을 받지 않는 의사결정을 하며 개인과 개인간의 교류는 오직 가격을 매개로 하는 재화의 교환을 통하여 이루어질 뿐이라는 AD 경제학의 설정과, 복수 개인간의 공감 및 동의의 결과로 얻어지는 공감-동의 및 제도가, 다수의 개인으로 구성된 사회에서 필요하며 피할 수 없는 요소라는 사고에 기반을 두고 있는 본 연구 이론구도와의 차이점이 본 연구에서 밝혀지게 된다.[7]

- **설정 IUM(Individualistic Utility Maximization: 개인의 효용)**: 개인은 효용의 극대화를 추구한다.

- **설정 BR(Bounded Rationality: 제한적 합리성)**: 인간의 인지능력은 한계를 가지며, 효용의 극대화는 인지능력의 한계 안에서 추구된다.

이 연구에서는 모든 개인이 효용의 극대화를 추구하고 있다고 가정한다. 또한 개인은 합리성을 추구하지만, 제한된 인지능력을 가지고 있을 뿐이라고 본다 (Simon 1957, Kahneman 1994, 이정모 2008).[8] 이 연구에서는 명시적으로 표현되고 있지 않은 경우라고 하더라도 모든 분석에서 [설정 IUM]과 [설정 BR]이 가정되고 있다.

---

7) 본 논문에서 등장하는 설정들은 그것이 모두 채택되는 가정이 아니다. 다만 예시를 위한 목적에서 열거되고 있다. 설정의 채택 여부는 각 경우마다 명시적으로 표현된다. 명제와 보조명제에서도 선택적 채택 여부가 명시된다.

8) 제한적 인지능력은 궁극적으로 재산권의 불완전성과 공감·동의의 경로의존성으로 연결된다.

● **정의 MI(Methodological Individualism: 방법론적 개인주의)**: 개인은 간섭 받지 않는 의사결정의 주체이고, 복수 개인간의 교류는 개인적 의사결정의 연장 선상에서 이루어진다.

● **설정 HDM(Holistic Decision Making: 복수 개인의 의사결정)**: 복수 개인 간의 의사결정은, 방법론적 개인주의의 연장선상에서 도달할 수 없는, 복수 개인 간의 공감 동의에 의존하여 이루어진다.

다수의 개인으로 이루어진 사회에서 개인의 효용 극대화 추구가 다른 개인과의 교류 및 교감을 통해서 이루어지는 방식이 존재한다는 사실을 부정할 수 없다. 효용을 생산하는 방식도 개인주의적 소비를 대상으로만 설정하는 것만으로는 부족하며, 개인과 개인간의 공동행위의 결과로 나타나는 복수 개인간의 공감 동의 현상을 포함하여야 한다. 예컨대, 우정, 사랑, 단결심, 동창의식, 동료의식, 신뢰감 등은 복수 개인간의 공감-동의를 통하여 표현되는 현상이다.

이러한 개인과 개인간의 공동행위는 인간생활의 가장 본질적 행위이며, 이를 통해서 개인의 안전을 확보할 뿐만 아니라, 이를 통한 교환활동, 즉 관계교환활동을 통해서 분업에 까지 이르게 된다.

사람들은 다른 사람들과 우정을 교환하거나, 신뢰감을 나누면서 그 행위 자체에서 만족을 느끼고, 우정, 신뢰감 등을 통해서 형성된 공감-동의를 바탕으로 재화를 교환 하기도 한다. 예컨대, 매장 매니저와 구매자 간에 만들어진 우연적 공감-동의가 특정제품의 구매결정에 이르게 되는 것이다.

[설정 HDM]가 주장하는 것은, 우정, 단결심, 신뢰감 같은 공감-동의에 의한 교류행위가 방법론적 개인주의 [정의 MI] 연장선상에서 결정되지 않는

다는 점이다 (이성섭 2007). 복수 개인 간의 합의(public consent) 과정을 거쳐서 결정된다. 다른 개인의 의사결정은 다른 가치관에서 출발할 수 있으며, 예측이 가능하지 않은 것이 일반적이다. 우정, 단결심, 신뢰감을 얻기 위해서는 개인의 만족만 주장할 수는 없으며, 비록 개인의 만족을 희생하더라도, 다른 사람과의 우정, 단결심, 신뢰감을 구축하기 위한 노력을 하지 않으면 안 된다. 즉 [설정 HDM]은 복수 개인간의 공감-동의 과정에서 [정의 MI] 상황을 부정한다.

- **설정 PDPC (Path Dependence of Public Consent: 공감-동의관계의 경로의존성)**: 복수 개인간의 공감-동의관계에 따른 의사결정은 (우연적) 역사적 사건에 의해서 결과가 영향을 받는다.

경제주체의 의사결정에서 나타나는 경로의존성의 경향은 식료품을 고르는 소비자의 구매 문제뿐만 아니라, 경제 주체의 의사결정의 거의 모든 문제에서 발생하는 보편적 현상이다. 이 현상은 방법론적 개인주의 [설정 MI]로 일관되어 있는 AD경제학 이론구도와 극명히 대비된다. 정보비대칭을 이용한 기회주의 행태에 대한 게임이론적 접근방법, 정보불확실성을 잔차항의 확률분포로 설명하는 확률변수(stochastic) 모델은 AD경제학이 [설정 MI]를 견지하면서 재산권의 불완전성을 설명하는 시도이지만, 그럼에도 불구하고 복수개인간의 공감-동의 과정을 통한 교류의 영역은 현실 생활에 광범위하게 존재하고 있다.

왜 이런 현상이 나타나는가?

본질적으로 문제는 인간의 인지능력의 한계(bounded rationality)와 정보능력의 한계에서 발생한다고 할 수 있다. 이것은 재산권이 본질적으로 완전하게 정의될 수 없다는 것을 의미한다. 같은 가격으로 표시된 상품들간에 품질의 우열을 완전하게 구분할 수 없다는 것은, 현실적으로 구매의사결정 과정에서 가치의 계량단위 만으로 재산권을 완전하게 평가하여 가격만의 정보에 의존하고, 다른 개인과의 공감-동의관계에 의존한 충고에 의존하지 않은 구매결정을 하는 것이 가능하지 않다는 것을 의미한다. 즉 방법론적 개인주의의 틀 속에서 합리적 의사결정을 통해서 모든 교환활동이 이루어진다고 설명하는 것이 현실적이지 못하다는 말이다.

구매의 결정이 공감-동의에 의존하게 되는 경우 경로의존성의 지배를 받게 된다.

## Ⅳ. 재산권의 불완전성과 관계교환

태초부터 사람들은 안전이 보장되지 않은 환경에서 살게 되었고, 다른 사람들과의 공감-동의 과정을 통해서 형성된 신뢰감 위에서 자신의 안전과 재산권을 지킬 수밖에 없는 환경에 놓이게 되었다. 재산권 법제도가 잘 정비된 작금에 이르러서도 불완전성은 제도의 본유적 특성으로 남아있다.

다른 사람들과의 공감-동의 과정은 우정, 가족애, 단결심, 동료의식 등의 행위를 통하여 이루어졌고, 이들을 통하여 개인 간의 신뢰감(trust)이 형성되었다. 이러한 개인적 공감-동의의 특징은 그것들이 우연성에서 출발하며 발전의 진행이 경로의존적이라는 것이다.

시간이 흐름에 따라 신뢰감은 도덕률(morality codes)로 발전하였고 사회가 발전함에 따라 법제도가 발전하게 되었다. 소유권은 원시시대에서부터 존재해온 제도이지만, 그것이 유효한 집행력을 가지기 위해서는 엄청난 제도적 기반을 필요로 한다. 예컨대, 민법은 기본이고, 범죄를 다스리는 형법, 기술적 관계를 구분하는 세법, 상법, 회계제도 등이 필요하며, 신체적 자유-언론자유를 보장하는 기본권법을 필요로 한다. 그리고 이 모든 제도장치를 아우르는 헌법을 필요로 한다. 뿐만 아니라, 법 집행을 위한 경찰제도, 사법제도를 갖추어야 한다.

뿐만 아니라 다양한 기술과 상품 속에서 거래가 가능하도록 상품화를 하는 표준화의 기술제도 발달을 필요로 한다. 법제도 뿐만 아니라 기술제도의 발달이 수반되어야 한다.

이 모든 제도적 기반 위에 재산권제도가 갖추어지게 되는 것이다. 사실상 현대사회의 거의 모든 도덕 규범 및 법제도 기술제도는 직간접적으로 모두 재산권제도와 관련되어 있다고 해도 과언이 아니다. 재산권 제도는 공감-동의를 통하여 출발하여 장기적으로 만들어진 제도체제 중에서 가장 정치하게 발전된 제도유형이라고 할 수 있다.[9)]

수많은 도덕규범과 법제도 기술제도에도 불구하고 재산권제도는 완전하다고 할 수 없다. 제도의 불완전성은 제도의 본유적 특성이다.[10)] 그 많은 법원의 소송, 법원에까지 가지 않지만 끊임없이 제기 되는 재산권 및 거래관련 분쟁이 이를 입증한다. 경우에 따라서 재산권이 보다 잘 보장된 경우와 재산권 보장이 불완전한 경우를 구분할 수는 있다. 그러나 어느 경우에도 재산권

---

9) 신뢰관계를 제도발전의 태초의 원초적 원형으로 보고 재산권제도를 가장 정치하게 발전된 제도유형으로 보는 본 연구의 견해는, 제한된 접근질서 (limited access order)에서 개방적 접근질서(open access order)로 사회발전이 이루어진다는 North, Wallis, Weingast (2009)의 견해와 보완적 조화를 이룬다.

10) 여기서 재산권은 교환의 시점에 이르기까지 재산권 가치가 훼손되지 않아서 권리의 실질적 유효성이 지켜지는가 하는 개념이다.

에 위협을 주는 위험성과 돌발성에서 자유로운 완전한 재산권이 지켜지는 소유나 거래는 상상할 수 없다.

- **설정 IPR(Imperfect Property Rights: 재산권 불완전성)**: 재산권은 오직 불완전하게 정의되고 불완전하게 효력을 갖는다.

사람들은 제도가 불완전한 상황에 대응하여 자유와 기본권 및 재산권을 지키기 위해서 공감-동의(trust)관계를 만들어 간다. 공감-동의는 우정, 가족애, 단결심, 동료애, 신뢰 등의 행위에서 나타나는 다른 사람들과의 공감-동의 과정에서 비롯되지만, 궁극적으로 도덕 및 법 제도를 세우는 기반이 된다.[11)]

공감-동의는 재산권이 불완전한 조건에서 재산권제도의 결핍을 보완하여 시장의 재화교환을 가능하게 하며, 재산권이 성립되지 않는 상황에서 경제주체간에 교류 교환을 가능하게 한다.

[그림: 공감-동의의 경로의존성]에서 주어진 가격에서 식품의 불량-우량의 판단이 가능하지 않다는 것은 재산권제도의 불완전성을 의미한다. 구매결정은 예컨대, 매장의 매니저에게 추천을 의뢰하는 경우(행동1.1), 구매자와 매니저 사이에 공감-동의를 매개로 구매결정을 하는 것이 된다. 이러한 어떤 구매자와 매니저 사이에 공감-동의가 맺어지게 되는 경우, 이 공감-동의에 따른 구매는 다음 구매 시에 다시 공감-동의의 참조사항(예컨대 행동

11) 사회발전 단계에 따라서, 공감·동의 관계는 우정, 가족애, 단결심, 동료애 등과 같이 원초적이고 사적인 관계(cronyism)에서 객관적 신뢰관계로 발전하게 된다. 이것은 제한된 접근질서 (limited access order)에서 개방적 접근질서(open access order)로 사회발전이 이루어진다는 North, Wallis, Weingast (2009), op. cit. 견해와 같다.

1.1.1)이 되기 때문에, 의사결정이 우연적 사건(행동1.1)에 영향을 받는 경로의존성(경로A) 현상을 만들어 가게 된다.

재산권이 성립되지 못하는 조건에서도 우정, 애정, 가족애, 동료애, 단결심 등에서 이루어진 공감-동의를 통해서 교환은 발생한다. 이러한 공감-동의 과정은 경로의존적 [설정 PDPC] 특성을 보인다.

재산권이 성립되지 못하는 조건에서도 우정, 가족애, 동료애, 신뢰감 등에서 이루어진 공감-동의 과정을 통해서 성취되는 교환을 관계교환이라고 정의한다.

- **정의 RX(Relation Exchange: 관계교환):** 재산권제도의 결핍이 있는 경우[설정 IPR], 복수 개인 간의 공감-동의 과정을 통해서 이루어진 신뢰 관계를 통해서 이루어지는 교환활동을 관계교환이라고 정의한다.

우리는 AD 경제학에 익숙해져 있어서 교환은 가격을 매개로 이루어지며, 개인 만족의 극대화는 가격-물량 p-q를 매개로 하는 재화의 교환을 통해서 이루어지는 시장교환경제 시스템을 통해서 표현된다고 하는 선입관을 가지는 경향이 있다. 그러나 우리의 생활을 보면, 개인 만족 극대화는 경제주체 간의 개별적 관계를 통한 교류활동을 통해서 이루어짐을 볼 수 있다. 우리 생활의 대부분은 조직 내 구성원과 교류하고, 친구를 만나며, 가정생활을 하고, 사회구성원들과 신뢰를 교류하며 확인한다.

가격을 매개로 하는 시장교환은 오직 특수한 경우, 즉 재산권이 확립된 경우만 이루어진다. 재산권이 확립된 경우란 교환에 필요한 완전한 신뢰수준이 확립되어서 개인간 공감-동의를 통한 신뢰의 확인 확보가 필요 없는 상태를 의미한다. 이렇게 재산권이 완전하게 확보된 상황에서는 개인간의 인간관계, 즉 공감-동의에 의존하지 않는 교환활동이 가능해진다. 즉, 가격을 매개로 한 시장 교환이 가능해지는 상황에서는 방법론적 개인주의 [정의MI]가 훼손되지 않게 된다. 그러나 이것은 완전한 재산권이 확보된 상황에서만 가능하고, 일반적으로 즉 재산권이 완전하지 않은 현실경제에서는 개인간의 공감-동의에 의존하게 되는 교환활동이 보편적 현상이다.[12)]

이것은 개인이 만족의 극대화를 추구하고 있다고 가정하더라도, 복수 개인간의 교환활동은 개인들 간의 공감-동의에 의존할 수밖에 없는 상황에 놓이게 된다는 것을 말한다. 즉, 개인은 방법론적 개인주의에 따르고 있더라도, 복수 개인간의 관계에서는 관계교환이 이루어짐으로써 방법론적 개인주의에 의한 설명이 가능하지 않게 되는 것이다. 즉, 관계교환의 경제학에서는, [설정 HDM]에서와 같이, 복수 개인간의 합의(consent)에 의한 의사결정 상황이 전제되지 않으면 안되는 것이다.[13)]

- **정의 [i]:** 모든 개인의 만족 극대화 동기[설정 IUM], 제한적 합리성 [설정 BR], 재산권 불완전성[설정 IPR], 그리고 복수 개인의 의사결정[설정 HDM]을 가정할 때, 공감-동의로 만들어진 개인간 관계의 집합을 [i]로 정의한다.[14)]

---

12) 관계교환과 개인간 공감·동의 과정간의 인과관계를 가린다면, 관계교환을 하기 위해서 개인간의 공감·동의 과정이 만들어지게 되었다고 할 수 있다. 즉 개인간 공감·동의 관계가 자동적으로 관계교환을 만들어 간다고 할 수 없다는 것이다. 오히려 관계교환의 필요성이 선행적으로 발생하고 이를 성사시키기 위해서 개인간의 공감·동의 과정이 만들어지게 된다는 것이다. 공감·동의 과정은 관계교환을 위한 개인의 적응과정(tolerance)이라고 볼 수도 있다. 이 각주는 최영백교수(St. Johns대)와 대화(2012년 봄학기) 이후 만들어졌음을 밝힌다.

13) 관계적 계약이론(Williamson 1985)은 재산권의 불완전성에서 발생하는 기회주의적 행동에 대한 대응방식으로 관계적 계약을 택한다고 설명하는 이론이다. 개인의 합리적 판단과 방법론적 개인주의에 의한 연장선상에서 관계적 계약이 이루어지는 과정이 설명된다. 그러나 복수개인간의 공감·동의 과정에 기반을 둔 공감·동의 [i]를 통한 교환거래가 성립되는 영역을 설명에 포함하지 못하고 있다.

14) 여기서 공감·동의관계 [i]에 [ ]를 사용하여 ( )와 구분하여 표기한 것은 공감·동의 관계가 일정한 지수로 표현되는 함수관계로 표현될 수 없음의 기호로 표시하고자 한 것이다.

신뢰관계는 사람과 사람 간에 공감-동의의 결과로 얻어지는 대표적 사례가 된다. 공감 동의가 만들어지는 배경에는 개인간에 교차하는 다양한 심리적, 역사적, 상황적 요인이 작용하고 있다고 할 수 있다. 이때 나타날 수 있는 개인들의 기회주의적 행태에 대하여 개인들의 합리적 의사결정과 그로 인한 경제적 교류를 방법론적 개인주의의 연장선상에서 설명하는 시도가 게임이론과 확률변수(stochastic) 접근방법이라고 할 수 있다.

이들 접근방법의 정치함에도 불구하고 이로써 설명되는 경제적 교류현상은 극히 부분적이라고 할 수 있으며, 보다 광범위한 영역의 경제적 교류활동, 즉 관계교환이 공감-동의에 의한 개인간 관계 [i]에 기반을 두고 이루어진다.

- **정의 S[i]**: 모든 개인의 만족 극대화 동기[설정 IUM], 제한적 합리성[설정 BR], 그리고 재산권의 불완전성을 가정할 때[설정 IPR], 개인간의 공감-동의[i]를 기반으로 해서 이루어지는 관계교환의 집합을 S[i]라고 정의한다.

재산권이 불완전한 제도여건에서 개인의 만족 극대화 행동 동기를 가정할 때, 개인 간의 공감-동의를 기반으로 이루어진 관계교환 활동이 인간활동의 가장 원초적 행동성향으로 나타나고 그러한 관계교환 의사결정의 집합은 개인의 만족 극대화 행동의 결과로 나타나게 된다.

사람과 사람 간의 신뢰, 우정, 애정, 소속감, 인연 등을 통해 만들어지는 공감-동의과정 및 관계교환은 경로의존적 경향을 보인다.

- **명제 PDRX(Path Dependence of Relation Exchange: 관계교환의 경로의존성)**: 공감-동의 과정의 경로의존성[설정 PDPC]을 가정하면, 관계교환 S[i]는 경로의존성을 보인다.

**증명 ▶▶▶**

관계교환은 공감–동의를 매개로 하여 이루어지는 교환활동을 지칭한다. 즉, [정의 S[i]]에 따라 S[i]는 [i]의 사상(mapping)이다. [설정 PDPC]은 공감–동의 [i]의 활동이 경로의존적 경향을 보이게 됨을 밝히고 있다. 따라서 공감–동의 [i]를 매개로 이루어지는 관계교환 S[i]는 (우연적) 역사적 사건에 영향을 받는 경로의존적 경향을 보이게 된다.

재산권이 구축되지 못하는 영역의 의사결정은 엄청나게 크고 빈번하다. 실제로 사람들 일상의 대부분은 이러한 재산권이 구축될 수 없는 영역에서 교류하고 교환하는 활동을 한다. [그림: 공감–동의의 경로의존성]의 불량–우량 식품 구매 의사결정 사례에서 드러난 것과 같이 시장의 가격을 매개로 하는 교환활동의 경우도 고객과 매장 매니저 간 경로의존적 공감–동의의 도움을 받아서 실현되었다.

## V. 시장의 가치교환

시장의 가치교환의 개념을 정의한다.

- **정의 PVX(Pure Value Exchange: 순수한 가치교환)**: 완전한 재산권이 확보된 대상에 대하여 시장의 교환거래를 통하여 형성된 가격을 매개로 이루어지는 교환을 순수한 가치교환이라고 정의한다.

재산권을 교환거래 지점에서 평가된 법적 집행을 포함한 권리의 유효성이라고 생각할 때, 재산권이 완전한 경우는 현실적으로 존재하기 어렵다고 할 수 있다.

재산권의 불완전성은 2가지 원인에서 발생한다. 하나는 제도적 불완전성이다. [설정 IPR]에서 살펴본 바와 같이 오늘날의 재산권 제도를 만들기 위해서는 장구한 세월 축적된 도덕규범, 법제도, 기술제도 등의 제도 및 기술의 발달을 기다려야 했다. 과거 고대사회에서도 소유권은 존재했으나 그 권리는 분류와 정의상 불완전하고 법 집행력을 가지느냐 하는 점에서 매우 취약한 상태였다. 작금에는 재산권이 매우 존중되는 자유민주주의 문명의 분위기 이지만, 그러나 완전한 재산권은 이상적 개념일 뿐이다.

다른 하나는 정보불완전에서 발생하는 재산권의 본유적 불완전성이다. 불량식품 품질정보의 불완전성을 통하여 살펴본 문제이지만, 경제활동 모든 거래에 예외 없이 존재하는 본유적 문제이다.[15)]

AD 경제학의 이론분석은 순수한 가치교환[정의 PVX]를 전제로 이루어져 있다. 게임이론과 확률변수(stochastic) 접근방법은 불완전한 재산권[설정 IPR]의 경제현실을 순수한 가치교환[정의 PVX]의 세계로 연결하는 작업이다.

그러나 현실세계에서 대부분의 가격을 매개로 하는 가치교환은 크고 작은 차이는 있겠지만, 개인 간의 공감-동의[i]에 의해서 성사된 거래이라고 할 수 있다.[16)] 이러한 공감-동의[i]의 원활한 작동을 위해서 모든 도덕규범, 법제도, 기술제도 등이 문화적 유산으로 주어져 있다.

- **정의 VX(Value Exchange: 가치교환)**: 불완전한 재산권이 확보된 대상에 대하여 공감-동의 [i] 과정의 보완적 역할에 의해서 이루어진 시장의 교환거래를 통하여 형성된 가격을 매개로 이룩된 교환을 가치교환이라고 정의한다.

---

15) 이 정보불완전성은 인간 인지능력의 한계에서 비롯된다고 볼 수도 있다.

16) 인터넷 상의 품질평가에 의존해서 구매의사를 결정한다고 해도 이것은 복수개인간 인터넷 상의 공감 동의에 기반을 둔 신뢰관계에 의존하는 관계교환이라고 할 수 있다.

불완전한 재산권이 확보된 대상에 대하여 공감-동의 [i]의 보완적 역할에 의해서 교환거래가 성사되어 재산권 가치가 결정되는 가격을 정의하면 다음과 같다.

- **정의 집합(p-q)[p-q: 가치교환의 가격결정 집합]:** [설정 IUM] [설정 BR]에서, 재산권이 불완전한 대상에 대해서, 공감-동의 [i]의 보완적 역할에 의해서 가치교환이 이루어지고, 그 결과 결정된 가격-거래물량 p-q의 집합을 (p-q)라고 정의한다.[17)]

p는 가격을 q는 물량을 표시한다.

- **정의 집합 S(p-q)[S(p-q): p-q를 매개로 하는 가치교환 집합]:** [설정 IUM]의 가정 하에서, 가격-물량 p-q를 매개로 하는 재화의 교환, 즉 가치교환이 이루어지는 경우, 가치교환의 집합을 S(p-q)로 정의한다.

가치교환 집합 S(p-q)는 가격-물량 집합 p-q의 사상(mapping)이다. 불완전한 재산권 제도에서 p-q가 공감-동의 [i]의 도움으로 우연적 역사의 결과로 만들어진 것이라면, 가치교환 집합 S(p-q)도 같은 특성을 가진다.[18)]

p-q는 공감-동의[i]의 도움으로 형성되고 가치교환 S(p-q)은 p-q의 사상(mapping)임으로 S(p-q)는 개인간의 공감 동의 [i]에 의해서 맺어진 신뢰관계 기반 위에 만들어져 있다고 할 수 있다.

$$S(p-q) \Leftrightarrow (p-q) - [i] - (p-q) \qquad (1)$$

설명(1)이 표현하는 것은 시장 가치교환 그리고 가치교환의 결과로 얻어

17) 완전한 재산권 상황이 제외된 것이 아니고, 불완전한 재산권의 특수 상황으로 포함되고 있다.

18) 공감·동의 [i]에 기반을 두는 관계교환 경제학에서 가격-거래물량 p-q 그리고 가치교환 S(p-q)은 이루어진 가격이나 실현된 교환의 내용에 있어서 필연적(unique) 가격이나 필연적(unique) 교환으로 나타나지 않는다.

지는 p-q체계는 개인간의 공감-동의[i] 과정의 도움에 의해서 이루어진다는 것이다. 공감-동의 [i]는 함수적 개념의 변수로 정의되지 않는다.[19), 20)]

S(p-q)는 AD경제학과 같지 않다. AD경제학은 공감-동의[i]의 기반 위에 만들어진 것이 아니기 때문이다. AD경제학은 완전한 재산권을 가정한 순수한 가치교환 [정의 PVX]의 경우 또는 방법론적 개인주의에 의한 순수한 가치교환 [정의 PVX]에로의 연결이라고 할 수 있다. 반면에 불완전한 재산권을 가정 [설정 IPR]함으로써 공감-동의[i]의 역할을 필요로 하는 가치교환 [정의 VX]이 S(p-q)이 된다.

시장교환에서 결정되는 가격-거래물량 p-q은 다음과 같은 특성을 가진다.

- **(p-q) 특성1:** 가치교환의 p-q는 계량화 되는 변수이다.

시장의 가치교환의 경우, 시장에서 가격-거래물량이 결정된다.

- **(p-q) 특성2:** 공감-동의[i]가 가치교환의 가격관계 p-q보다 선행한다.

재산권 제도가 갖추어지지 않은 사회여건에서는 사람들간의 공감-동의의 결과로 얻어진 개인간 관계집합 [i]가 존재할 뿐이며, 가치교환 즉, 집합 (p-q)는 재산권제도가 갖추어진 연후, 재산권제도의 발달 정도만큼 만들어지고 작동할 뿐이다.

---

19) 이것은 미제스(Mises 1998)의 인간행동학(praxeology)의 개념과 유사하다.

20) 공감·동의 과정과 시장 가치교환의 성사 사이에는 어떤 관계가 존재하는지 계속적인 연구가 필요한 대목이다.

가치교환은 재산권이 확보된 연후에 공감-동의 [i]와 연결되어 이루어진다. 시장의 가치교환은 재산권이 확보되지 않은 모든 대상 중에서 재산권이 제도적으로 확보된 일 부분에서 실현되는 상황이다.

● **(p-q) 특성3:** 가치교환의 p-q는 경로의존적이다.

재산권 제도는 불완전하고, 재산권 제도가 확보된 연후에만 공감-동의 [i]의 도움으로 시장거래 p-q가 형성된다. 결국 공감-동의 [i]의 도움을 받아서 시장거래가 형성된다는 것은, 시장거래가 (우연적) 사건의 결과로 일어난다는 것을 말한다. 또한 같은 거래가 다른 상황에서 일어난다고 할 때 같은 p-q의 결정에 이르게 되는 필연성을 갖는다고 할 수 없다.[21)]

## VI. 공감-동의비용과 일관적 측정의 불가능성

관계교환 S[i]는 개인간의 공감과 동의 [i]과정을 기반으로 이루어진다. 개인 간의 공감과 동의 과정은 다양한 모습을 가질 수 있으며 우정, 애정, 동료애, 동창관계, 결사관계 등 사적관계(crony)에서 출발할 수 있다. 비근하게는 인상, 학력, 직책 등이 주는 신뢰감에서 공감-동의 [i]가 만들어지기도 한다. 당연히 사람들은 인위적 노력을 해서 이러한 공감-동의 [i]의 기반을 넓히고 공고하게 하려 한다. 관계교환은 교환의 이득(gains from trade)을 생산하기 때문이다.

---

21) 시장에서 만들어진 가격이 어느 특정상품의 가격으로 개별 상품으로 특정된다기 보다 어느 상품으로 분류된 특정 상품 군에 대한 가격으로 결정된다.

인적 관계에서 출발하는 공감-동의 관계의 확립은 그 개인적 관계가 어떤 내용의 것인가에 따라서 비용의 고저가 다르게 결정된다. 물론 개인적 관계가 처음부터 공감-동의를 확립하기 위한 목적으로 이루어지는 것은 아니며, 그 자체로 행위에 가치를 가지고 있는 것이 일반적이다. 예컨대, 애정, 우정, 동료애, 신뢰 등은 그 자체로 만족을 주는 행위이다. 그러나 다른 한편으로 이러한 관계적 행위들은 개인간 공감-동의를 만드는 도구의 역할을 한다. 신뢰감을 심어주기 위한 기업 이미지 광고는 이 신뢰감을 통하여 고객과의 공감-동의의 도출을 수월하게 하기 위한 인위적 노력이다.

공감-동의 [i]를 이끌어내는 데는 비용이 수반된다. 이것을 공감-동의비용(PCC: public consent cost)이라고 정의한다. 공감-동의비용은 관계적 행위의 상대가 누구냐(j, k: j와 k 두 사람의 경우)에 따라서 비용이 변화한다.

- **정의 PCC[iα](관계교환의 공감-동의비용 PCC[iα]≡PCC(I)(RXα)(j, k)):** 제도환경 I를 가정할 때, 거래당사자 j가 k와 관계교환 RXα를 성사시키기 위해서 필요한 공감-동의[iα]의 도출에 소요되는 비용을 공감-동의비용 PCC[iα]이라고 정의한다.

모든 개인의 만족 극대화 동기를 가정할 때 ([설정 IUM]), 공감-동의를 도출 유지하는 데는 비용이 소요된다.

$$PCC[i\alpha] \geq 0 \qquad \forall\ [i\alpha] \qquad (2)$$

관계교환이 이루어지는 당시의 제도환경(I)에 따라서 공감-동의비용의 수준은 변화한다.[22)]

여기서는 관계교환이 문제로 대두되기 이전에 만들어진 제도환경, 예컨대 식약청 제도의 도입과 운영에 소요되는 비용은 매몰비용으로 간주하여 공감-동의비용이 포함하지 않는다.

공감-동의비용 PCC(I)(RXα)(j, k)는 거래주체 j가 누구냐에 따라서 결정될 뿐만 아니라, 거래 상대방(k)이 누구냐에 따라서 결정된다. 즉, 거래가 누구 사이에서 이루어지느냐에 따라서 공감-동의비용이 다르게 결정된다.

거래 주체들이 확정되었다고 해서 공감-동의비용이 일관되게 계산될 수 있다는 것은 아니다. 거래주체간에 기회주의적 행동은 언제나 가능하기 때문이다. 관계교환의 제도환경과 거래 당사자를 확정했다고 해서, 특정 관계교환 RXα을 실현할 수 있는 공감-동의조건 [iα]과 그 공감-동의조건을 실현시키는 공감-동의비용 PCC과의 사이에는 일관성 있는 비용관계는 존재하지 않는다. 공감-동의비용은 일관성 없이(inconsistent) 변화한다.

사실 공감-동의의 구축이란 인간관계의 불확정적 상황에 대처하기 위한 대응방식으로 나타난 것이라고 할 수 있다. 어떤 공감-동의조건을 가정하더라도 그 공감-동의 조건 [iα]으로 대응되는 인간관계의 상황여건 (RXα)(I)(j,k)은 확정적이지 않다(indeterminate).

$$[i\alpha] \equiv [i](RX\alpha)(I)(j,k) \tag{3}$$

---

22) 예컨대, [그림: 공감·동의 과정의 경로의존성] 우량·불량 식품 구분문제의 경우, 식약청 제도가 운영되는 제도환경 $I_1$과 그런 제도가 운영되지 못하는 제도환경 $I_2$의 경우는 공감·동의비용이 다르다. 일반적으로 식약청이 있는 경우에 공감·동의비용은 감소하는 경향을 보인다고 할 수 있다. 식약청이 식품위생의 기준과 법규정을 정하는 경우, 개인간 인간관계에 덜 의존적이 되며 법치(rule of law)에 의한 운영이 가능해져서, 가치교환에 의한 거래가 보다 빈번해지고, 관계교환의 내용도 더 예측가능해지게 되어, 공감·동의비용이 감소하는 경향을 보이게 되기 때문이라고 설명될 수 있다. 그러나 이것은 추측(conjecture)일 뿐이다. 실증적 통계를 통해서만 검증이 가능하다.

정의식(3)의 우변 I는 불완전한 재산권제도를 표시하고 있다. 재산권이 불완전한 상태에서 공감–동의관계로 관계교환을 행한다고 본다면, [iα]는 이러한 관계교환을 가능하게 하는 공감–동의관계를 표현하는 것이 된다.

다음의 명제는 공감–동의 비용 측정 불가능성을 기술하고 있다.

- **명제 UMPCC (Untenable Measure of Public Consent Cost: 일관적 공감–동의비용 PCC[iα] 측정의 불가능성)**: 관계교환 RXα를 실현시키는 공감–동의 조건 [iα]과 공감–동의 비용 PCC[iα] 간의 관계를 일관성 있게 측정하는 것은 불가능하다.

**증명** ▸▸▸

그림(공감–동의 과정의 경로의존성)은 사람들 간의 공감–동의관계에 기반을 둔 의사결정에서 의사결정 경로의 결정이 (우연적) 사건의 결과로 이루어진다는 것을 보여주고 있다. 즉 경로 A, B, C,..간에 결정이 우연적으로 이루어지는 것이다. 만약, 각 경로 간에 비용계산이 가능하다면 우연적 결정은 불가능하며, 비용이 저렴한 경로로 필연적 귀결이 될 수밖에 없다. 즉, 공감–동의에 기반을 둔 의사결정이 경로의존성을 보인다는 것은 특정한 관계교환 RXα을 실현시키는 공감–동의 조건 [iα]을 만드는 공감–동의 비용 PCC[iα]이 일관성 있게 측정되지 않는다는 것을 의미한다.

즉, [명제UMPCC(공감–동의비용 측정 불가능성)]은 공감–동의에 기반을 둔 의사결정에서 경로의존성과 다름이 아니다. 관계교환은 비용의 계산이 아니고, 인지의 교감에 의한 적절성(appropriateness) 판단에 의존해서 공감–동의 [i](RXα)(I)(j,k)가 형성되고 그 공감–동의를 기반으로 관계교환 RXα이 실현된다.[23)]

어떻게 이런 공감–동의 비용 계산의 일관성 결핍 현상이 나타날 수 있

---

23) [i](RXα)(I)(j,k)는 함수관계를 표시하는 것이 아니고 정의식을 의미할 뿐이다.

는가? 재산권제도의 불완전성으로 인해서 인간행동의 상당한(거의 모든) 영역에서 일관된 가치평가가 이루어질 수 없고 따라서 사람들 간의 공감-동의 [i]에 의존하는 의사결정이 이루어지기 때문에 발생하는 현상이다.

결국, 이것은 관계교환 현상이 가치교환 현상 보다 더 근원적이라는 것을 의미한다.[24)]

- **보조명제 FRX(Fundamentality of Relation Exchange: 관계교환의 근원성):** 재산권 불완전성[설정 IPR]을 가정할 때, 관계교환은 가치교환 보다 더 근원적 현상이다.

**증명** ▸▸▸

재산권은 법과 도덕이 확립된 연후에 구축된 것이며 따라서 재산권이 확보된 대상은 재산권이 불완전하게 확보된 대상이라는 집합의 부분집합이다. (p-q) 특성2에서부터 공감-동의 [i]가 가치교환의 가격관계 p-q보다 선행한다.

공감-동의 [i]의 도움을 받아서 시장거래가 형성된다는 것은 (p-q) 특성3에 따라서 가치교환의 p-q가 경로의존적이라는 것을 의미한다.

반면에 [명제 UMPCC]로부터 공감-동의 [i]는 p-q로 측정할 수 없다.

오직 완전한 재산권을 가정한 순수한 가치교환[정의 PVX]의 경우만 가치교환은 관계교환으로부터 독립적이다. 불완전한 재산권에서는 가치교환은 관계교환에 의해서 일방적으로 영향(one-way causality)을 받게 된다.

[보조명제 FRX]는 이 논문의 결론적 의미를 가진다.

이것은 제도문제에 관한 2가지 사실을 말해주고 있다. 하나는 재산권제도를 확보하는 문제이다. 이것이 가치교환의 전제조건이다. 여기서 재산권제도는 포괄적 의미를 가지는 것으로 교환 지점에 이르기까지 재산권의 유효

24) 미제스(Mises 1998) op. cit.

성을 보장하는 법제도, 기술제도, 법집행 행정 모두를 포함한다. 모든 경제문제의 근저에는 이 재산권 문제가 근대사회 경제문제의 효율성을 지탱하는 지반을 형성하고 있는 것이다.

다른 하나는 시장의 가치교환보다 더 근원적 질서로써 공감-동의 [i]가 가지는 의미이다. 공감-동의 [i]가 시장의 가치교환보다 더 근원적 의미를 가진다는 것은 시장의 가치교환이 원활하게 이루어지기 위해서 공감-동의 [i]가 굳건한 토대 위에 구축되어야 한다는 것을 말한다. 그 논리적 귀결로써, 재산권 법제도의 철학적 토대가 공감-동의 [i]를 확립하는 도덕질서에 근거해야 한다는 것을 의미한다. 공감-동의 [i]를 확립하는 원리로써 도덕질서의 근원성(fundamentality)을 지적하고 있다고 할 수 있다.

## VII. 관계교환의 경제학과 가치교환의 경제학

### (1) 거래비용과 코스 문제(1937)의 재해석

AD 경제학은 완전한 재산권을 가정하고 있으며 순수한 가치교환 [정의 PVX]을 분석하고 있다. 거래비용(transaction cost)은 제도적 요소 예컨대 공감-동의 [i]에 대한 비용평가 이다. 순수한 가치교환이 전제되면 이것이 가능하다. 그러나 현실에서 완전한 재산권이란 존재하지 않으며, 재산권 제도 자체도 근세에 와서야 확립된 제도이다. 어느 경우에나 일관성을 가지는 가치평가란 불가능하다. 시장의 교환이 공감-동의 [i]의 도움 없이 이루어질 수 없기 때문이다.[25]

---

25) 공감·동의 [i]는 경로의존성을 가진다.

결국 제도적 요소 예컨대 공감-동의 [i]를 가치로 평가하려는 시도는 무모하며, 제도적 요소 또는 공감-동의 [i]는 그 자체로 그 의미가 인지되어야 한다는 사실에 도달하게 된다. 제도는 제도 자체로 그 의미가 파악될 수밖에 없다는 사실은 매우 중대한 의미를 가진다. 제도 및 제도 역사가 의미를 가진다는 말이 된다.

우리는 제도를 비용적 요소로 평가하려 하기보다 그 역사적 의미를 찾아야 한다는 말이다. 사람들 사이에 공감 동의 과정을 거쳐 찾아낸 공감-동의 [i]를 최대화하는 과정에서 제도가 만들어지는 것이다.

코스(1937)은 조직활동과 시장활동 간의 선택문제를 제기 하였다. 사실 이것은 두 활동간의 선택 문제가 아니고 관계교환활동과 재산권제도의 문제이다. 애초에 관계교환활동이 있을 뿐이다[보조명제 FRX(관계교환의 근원성)]. 재산권 제도가 확립되면서 시장활동이 등장하게 된 것이다. 선택의 문제라기보다 제도의 역사적 발전과정인 셈이다.

### (2) 공감-동의 [i]의 경쟁력

주어진 가격수준에서 우열의 식별이 불가능한 다수의 선택가능성이 있을 때, 경쟁조건은 다양한 선택의 기준을 추구하게 된다. 대체로 믿을 만한 사람의 추천에 따르는 것이 일반적 선택이다. 공감-동의 [i]의 도출을 원활하게 해주는 믿을 만한 사람의 일반적 기준은 신뢰, 정직, 근면, 신용, 검약, 품질, 명성, 투명성, 책임성 등이다. 이것은 일반적 도덕기준이 산업적 경쟁력의 원천이 됨을 말해준다. 즉 관계교환 경제학은 일반적 도덕기준이 산업적 경쟁력의 기반이 됨을 논증한다.

### (3) 관계교환의 경제학

재산권 제도의 불완전성으로 교환 거래를 성사시키기 위해서 공감-동의[i]가 필요하게 되었고, 이 공감-동의가 경제학에 제도적 요소로 작동하게 된다. AD경제학이 방법론적 개인주의에서 벗어나지 못하고 있다고 한다면, 관계교환 경제학은 제도문제가 다수 개인간의 공감-동의의 문제임을 이론구조에 시스템화(imbedding)하고 있다. 다수 개인간의 공감-동의 [i]는 이론모델의 새로운 제도적 차원으로 전체론적 의사결정(holistic decision making) 과정을 도입한다.

이것은 새로운 경제학의 지평을 의미한다. AD경제학에서 수립된 이론들이 관계교환 경제학에서 어떻게 수정될 수 있는지는 경제학 연구의 새로운 과제이다.

## VIII. 결론

재산권의 불완전성은 제도상의 문제일 뿐만 아니라, 인간의 경제활동이 근본적으로 정보불완전 상태에서 이루어질 수밖에 없다는 사실로 인해서, 재산권의 본유적 특성이라고 할 수 있다. Arrow-Debreu 경제학(이후 AD경제학)은 재산권 불완전성이라는 제도 문제를 다루기 위해서 게임(game), 확률변수(stochastic), 관계적 계약 등의 접근방법을 사용하여 문제에 접근하고 있다. 이들 접근방법의 분석적 정치성에도 불구하고, 설명의 현실성과 현실적 적용범위는 매우 제한적이다. 사람들의 인지능력은 이들 분석이 요구하는 정치성 수준에 미치지 못하기 때문이다. 현실적으로 사람들은 재산권의 본유적 불완전성에서 발생하는 기회주의의 문제에 대처하기 위해서 사람들 사이에 관계적 네트워크를 구축하는 행태를 보인다. 재산권 제도가 잘 발달된 작금에도 개인들 생활의 대부분은 관계교환활동, 예컨대, 친구, 동창, 동료, 고객, 인터넷 네트워크 등을 만들고 참여하기 위한 활동에 보낸다.

AD경제학 접근방법은 인간의 인지능력을 높이 평가하여 재산권 불완전성에서 발생하는 기회주의 행태의 문제를 효용극대화를 추구하는 개인의 이성적 판단능력으로 설명해내고자 시도한다. 이 접근방법의 특징은 이론적 추론에서 방법론적 개인주의(methodological individualism)의 테두리를 벗어나지 않는다는 것이다.

관계교환 접근방법은 제도가 인간인지능력의 한계(bounded rationality)를 입증하는 증거라는 입장이다. 사람들은, 복수 개인간의 공감-동의 [i]를 통해서, 제도 불완전성에서 발생하는 기회주의행태에 대처한다고 본다. 이것은 복수 개인간에 공동적 행위(holistic decision making)가 존재한다는 것을 인정하는 특징을 가지고 있다. 방법론적 개인주의를 견지하지 않는다.

관계교환 접근방법에 의하면 시장 가치교환도 공감-동의 [i]의 보완적 역할에 의해서 성사되게 된다. 시장 가치교환을 가능하게 하는 공감-동의 [i]는, 복수 개인간의 공동행위 존재를 인지한다는 점 이외에, 경로의존적 패턴(path dependence)을 보인다는 특징을 가지고 있다.

공감-동의 [i]의 도움으로 이루어지는 시장 가치교환의 결과 결정된 가격-물량의 집합을 p-q라고 정의하고 시장 가치교환 거래의 집합을 S(p-q)라고 정의하면, p-q과 S(p-q)는 경로의존성을 보이게 된다. 그러나 공감-동의 [i]는 공감-동의비용과 일관성 있는 관계를 보이지 않는다. 공감-동의

[i]는 시장 가치교환 p-q 및 S(p-q) 보다 더 근원적 존재이다.

이 결과가 경제학에 주는 의미는 심대하다. 우선, 조직과 시장교환 간에 선택관계를 설정한 Coase의 문제는 존재하지 않는다. 조직은 공감-동의에 기반한 질서로 지탱되고 있으며, 시장 가치교환은 그 중에서 재산권이 확립된 대상에 대해서만 공감-동의 [i]의 보완적 역할에 의해서 이루어질 뿐이다.

관계교환은 시장 가치교환 보다 근원적이다. 이것은 공리주의와 무관하게 공감-동의의 기본요소인 성실, 근면, 신뢰성 등의 가치가 근원적 사회구성요소임을 말하는 것이다. 또한 복수 개인간 공감 동의를 통해서 이룩된 공감-동의 [i]의 근원성은 관계교환 개념이 경제학과 다른 사회과학간의 연결통로(interface)를 제공함의 의미한다. 이것은 관계교환 경제학의 새로운 이론 영역을 열어준다.

## 참고문헌


이성섭 (2007), 「개인과 집단간의 연결고리로서의 제도」, 『제도와 경제』1권 1호, 5-15.

_____ (2009), 「제도와 사업심(Entrepreneurship) 경제학」, 『제도와 경제』3권 2호, 37-60.

이정모 (2008), 「제한적 합리성 및 인지과학의 변화 흐름이 인지경제학 전개에 주는 시사」, 『제도와 경제』2권 1호, 65-92.

Adam Smith (1769), *The Theory of Moral Sentiments*, Liberty Classics, Indianapolis, 1979.

_________ (1776), *An Enquiry into the Nature and Causes of the Wealth of Nations*, edited by Edwin Cannan, M.A., LL.D(1937), The Modern Library, New York.

Akerlof, G. A.(1970), "The Market for 'Lemons': Quality Uncertainty and the Market Mechanism," *Quarterly Journal of Economics*, Vol.84, No,3, 488-500.

Bendor, Jonathan B., Sunil Kumar, and David A. Siegel (2009), "Satisficing: A 'Pretty Good' Heuristic," *The B.E. Journal of Theoretical Economics*, Vol. 9, Issue 1 (Advances), Article 9, available at: http://www.bepress.com/bejte/vol19/iss1/art9

Black, Duncan (1948), "The Decisions of a Committee Using a Special Majority," *Econometrica* 16, 245-61.

Coase, R. (1937), "The Nature of the Firm," *Economica* n.s., 4(November 1937)

________(1960), "The Problem of Social Cost," *The Journal of Law and Economics*, 3 1-44, The University of Chicago Press.

Covey, M.R. Stephen (2006), *The Speed of Trust; The One Thing That changes Everything*, Korean Translation (2009), Gimm-Young Publishers, Inc.

Demsetz, Harold(1967), "Toward a Theory of Property Rights," *American Economic Review*, LVII (2), May, 347–59.

_____________(1968), "The Cost of Transacting," *Quarterly Journal of Economics*, LXXXII (1), 33–53.

Dworkin, Ronald (1986), *Law's Empire*, Harvard University Press.

Fukuyama, Francis (1995), *Trust: The Social Virtues and the Creation of Prosperity*, Free Press.

Hardin, Garrett (1968), "The Tragedy of the Commons," *Science* 162, 1243–8

Hart, O.D. and B.R. Holmstrom (1987), "The Theory of Contracts," in T. Bewley, ed., *Advances in Economic Theory*, 71–75. Cambridge University Press.

F. A. Hayek (1945), 'The Use of Knowledge in Society,' *American Economic Review*, Vol. 35, No. 4. pp. 519–530.

__________(1973), *Law, Legislation, and Liberty*, University of Chicago Press,

__________(1988), *The Fatal Conceit: The Errors of Socialism*, University of Chicago Press.

Hofstede, G. (1980). *Culture's Consequences: International Differences in Work-Related Values*. Beverly Hills, CA: Sage.

Kahneman, D.(1994), "New Challenges to the Rationality Assumption," *Journal of Institutional and Theoretical Economics* 150: 18–36.

Immanuel Kant (1785), *Groundwork of the Metaphysic of Morals*, translated and analyzed by H. K. Paton (1964), Harper Torchbooks, Harper & Row.

Israel M. Kirzner(1973), *Competition and Entrepreneurship*, University of Chicago Press.

Dennis C. Mueller(2003), *Public Choice III*, Cambridge.

Macneil, I.R.(1978), "Contracts: Adjustment of Long-Term Economic Relations under Classical, Neoclassical, and Relational Contract Law," *Northwestern University Law Review* 72, 854-905.

Ludwig von Mises (1998), *Human Action: A Treatise on Economics*, The Ludwig von Mises Institute.

Douglass C. North, John J. Wallis, Barry R. Weingast (2009), *Violence and Social Orders: A Conceptual Framework for Interpreting Recorded Human History*, Cambridge University Press.

Eirik G. Furubotn and Rudolf Richter (2000), *Institutions and Economic Theory: The Contribution of the New Institutional Economics*, The University of Michigan Press.

Mancur Olson (1965), *The Logic of Collective Action: Public Goods and the Theory of Groups*, Harvard University Press.

Paul Milgrom and John Roberts (1992), *Economics, Organization and Management*, Prentice Hall.

Ludwig von Mises (1998), *Human Action: A Treatise on Economics*, The Ludwig von Mises Institute.

Elinor Ostrom (1990), *Governing the Commons: The Evolution of Institutions for Collective Action*, Cambridge University Press.

Rhee, Sung Sup (2009a), 'Fundamental Coase Theorem and Institutional World of Non-Zero Transaction Cost', 2009 Annual Meeting of Asian Law and Economics Association, June 20-21, 2009, Seoul, Korea.

_____(2009c), "Institutions and Entrepreneurship," 2009 KIEA Conference on Institutions and National Competitiveness, The GSIS of the Seoul National University.

_____(2011), "Is the Rule of Law Friendly with Exchange Activities?" presented at 2011 Institutions and Economics International Conference, which was hosted by JAAE (Japan Association for Applied Economics) and KIEA (Korea Institution and Economics Association), and convened at Fukuoka, Japan in August 17–18, 2011.

J. A. Schumpeter, *The Theory of Economic Development*, 12th printing(2006), Transaction Publishers.

Shiller, Robert J. (2000), *Irrational Exuberance*, Princeton, NJ: Princeton University Press.

Simon, H. A.(1957), *Models of Man*, Jew York: Wiley.

_________(1987), "Bounded Rationality," In J. Eatwell, M. Milgate, and P. Newman, eds., *The New Palgrave: A Dictionary of Economics*, 1: 266–68. London: Macmillan.

Weber, M.(1968), *Economy and Society: An Outline of Interpretative Sociology*, edited by G. Roth and C. Wittich, Berkeley: University of California Press.

Williamson, O.E. (1975), *Market and Hierarchies: Analysis and Antitrust Implications*, New York: Free Press.

_____________(1985), *The Economic Institutions of Capitalism: Firms, Markets, Relational Contracting*, New York: Free Press.

_____________(1991), "Comparative Economic Organization: The Analysis of Discrete Structural Alternatives", *Administrative Science Quarterly*, 36(2), 269–96.

# 3 열린 경제학과 닫힌 경제학[1)]

## I. 서언

교환은 저절로 이루어지는가? 그렇다면 기업들은 왜 막대한 노력과 비용을 지불하며 마케팅을 하는가? 왜 사람들은 가려서 친구를 사귀고 공을 들여 좋은 우정관계, 신뢰관계를 쌓기 위해서 노력하는가? 경제학은 비용과 효용 계산에 몰두하느라고 이러한 문제에 천착하지 못했다. 그 결과 경제학 분석에서 공감-동의 차원(SCD: sympathy-consent dimension)의 사고영역이 부재하는 결과를 낳았고 경제학은 현실과 좁혀질 수 없는 간격을 갖게 되었다. 여기서 좁혀질 수 없는 간격이라 함은 주류경제학 접근방법이 폐쇄적 틀에 갇혀서 위에 제시한 질문과 같은 근본적 경제현상을 파악

1) 『제도와 경제』7권 2호 게재예정으로 한국제도·경제학회의 양해에 의해서 전재함.

하는데 실패할 수밖에 없게 되었다는 것을 말한다. 그 결과 경제학은 사업심(entrepreneuship)과 같은 중요한 현상을 설명하지 못하고 있으며, 다른 인문 및 사회과학과 단절되는 학문영역에 갇히게 되었다.

본 연구는 공감–동의 차원을 경제학 분석영역에 도입함으로써, 첫째 애로-드브루 경제학(ADE: Arrow–Debreu economics)[2)]이 포괄하지 못하는 광범위한 영역의 경제현상이 존재함을 보여주고, 둘째 이렇게 설명되지 못하는 부분들을 포괄하는 새로운 경제학 분석 접근방법이 존재함을 제시하는데 있다.

고전학파 경제학자들, 예컨대, 아담 스미스(1759), 흄(1739)는 공감–동의 영역의 문제를 제기하고 있다. 그러나 현대경제학은 시장의 가치교환에 집중함으로써 공감–동의 차원은 경제학 분석에서 실종되었다. 관계교환경제학(RXE: relation exchange economics, 이성섭 2012b)은 공감–동의 차원을 경제분석에 도입하고 있다. 이것은 경제학 접근방법에 본질적 변화가 있음을 의미한다. 애로–드브루 경제학(ADE)은 관계교환경제학(RXE)의 특수 상황(SCF: sympathy–consent free)에서만 유효한 분석방법이 된다. 비용(cost), 예컨대 기회비용(opportunity cost), 거래비용(transaction cost)을 중심사고로 하는 경제학 접근방법에서 교환(exchange)를 중심사고로 하는 접근방법으로 전환함을 의미한다.

경제학이 공감–동의 차원과 연결됨으로써 경제학 사고영역이 도덕, 법, 제도, 역사, 행정학, 사회학 등의 영역과 연결되는 열린 사고 체계로 바뀌게 된다. 경제의 개념이 시장의 가치교환에 국한되지 않고 시장의 가치교환을

2) 또는 Arrow–Debreu–Mckenzie economics라고 불린다.

특수한 상황(SCF)에서만 존재하는 부분집합으로 포함하는 관계교환 활동 영역으로 확대된다. 이 논문에서 애로-드브루 경제학(ADE)은 최적화 행태와 균형분석의 틀에 갇힌 닫힌 경제학(CS: closed system of economics)로 지칭되고 있으며, 공감-동의 영역을 포함하는 경제학 사고를 열린 경제학(OS: open system of economics)로 지칭하고 있다.

II 절은 애로-드브루 경제학(ADE)이 정의되고 있다. 또한 애로-드브루 경제학(ADE)에서 분석의 대상으로 삼고 있는 시장의 가치교환이 현실적 현상으로 실현되지 못하는 가치교환 실패현상을 다양한 사례로 제시한다. III 절은 공감-동의 차원이 소개된다. 관계교환 행동이 소개 된다. IV 절은 교환이 저절로 이루어지는 것이 아니라는 것이 분석된다. 이것은 공감-동의를 확보함으로써 교환 거래를 새롭게 만들어 낼 수 있음을 의미한다. V 절은 공감-동의와 관계교환 행동이 경로의존성을 특성으로 하고 있음을 분석하고 CW식당의 사례를 통해서 관계교환 행동의 근원성 그리고 이를 통한 교환거래의 창출과정을 보여준다. VI 절은 논문을 요약하고 결론을 제시한다. 부표에는 닫힌 경제학(CS)으로의 애로-드브루 경제학과 열린 경제학(OS)으로의 관계교환경제학의 서로 다른 특징을 비교하고 있다.

## II. 애로-드브루 경제학

공리주의(utilitarianism; Jeremy Bentham)에서 출발하는 효용이론과 한계분석(marginalism; Alfred Marshall 1890, Carl Menger 1871), 그리고 균형분석(Walras 1877)은 현대경제학의 기초를 놓았다. 현대경제학의

이론적 기초는 신고전학파의 경제학자들에 의해서 완성된다. 이 논문에서는 편의상 신고전학파의 경제학을 애로-드브루 경제학(ADE: Arrow-Debreu economics)이라고 부른다.

애로-드브루 경제학(ADE)은 인간행동이 합리적 선택의 결과라고 가정하고 있다. 따라서 목적을 추구(효용의 극대화 또는 비용의 최소화)하기 위해서 합리적 의사결정을 하게 된다. 그 결과는 시장에서 수요와 공급간에 균형으로 나타나게 된다. 최적화를 추구하는 합리적 의사결정과 그 결과로 나타나는 균형분석은 경제현상, 특히 시장의 교환을 설명하는 신고전학파 경제분석의 핵심도구 역할을 하고 있다.

- **정의 ADE (애로-드브루 경제학** Arrow-Debreu economics): 최적화를 추구하는 합리적 의사결정과 그 결과로 나타나는 균형분석의 도구를 이용하여 경제현상을 설명하는 경제학 접근방법을 애로-드브루 경제학(ADE)이라고 부른다.

[정의 ADE]에는 합리적 의사결정을 통해서 최적화를 추구하는 인간행동이 전제되고 있다.

- **설정 ORC** (optimization through rational choice **합리적 의사결정을 통한 최적화**): 애로-드브루 경제학(ADE)에서 인간의 합리적 의사결정이란 경제주체가 경제적 목적을 추구하기 위해서 최적화(optimization) 행태를 취하는 것을 말한다.

신고전학파 경제학은 현대경제학을 완성하고 부분시장균형, 일반시장균형, 불확실성 연구, 신제도주의 연구를 통해서 우리가 일상에서 경험하는 거의 모든 경제현상을 합리적 의사결정에 따르는 최적화 행동 그리고 그 결과 나타나는 균형분석을 통해서 설명하고 있다. 애로-드브루 경제학(ADE)으로 설명되지 않는 경제현상은 없다는 것이 신고전학파 경제학의 믿음이라고 할 수 있다.

애로-드브루 경제학(ADE)의 정치한 발전에도 불구하고, 현실적 경제현상은 발전된 이론 보다 복잡한 것으로 보인다. 아커로프(Akerlof)의 레몬(1970)이 그러한 사례이다. 문제는 이런 사례가 예외적 현상이 아니라 일반적 현상이라는데 있다.

**사례 ▸▸▸ lemon: Akerlof의 레몬**

아커로프(Akerlof 1970)는 다양한 시장에서 시장의 교환기능이 실패를 하고 있음을 소개하고 있다. 예컨대, 노인의 의료보험시장이 존재하지 않는 현상이다. 노인의 건강은 허약하고 따라서 보험료 지급의 가능성이 높아서 보험사의 입장에서 매우 위험한 투자이기 때문에 보험상품 공급을 회피하게 된다. 보험료를 높이면 되지 않겠는가 하지만, 높아진 보험료 보다 더 건강위험이 높은 노인이 가입할 가능성 때문에 역시 보험상품이 출시되지 않는다.

**사례 ▸▸▸ Starbucks: 스타벅스의 거피]**

우리는 스타벅스에서 1컵에 5000원을 주고 커피를 사마신다. 물론 커피도 마시지만 사람을 만나기에 아늑한 장소를 제공받는 대가이기도 하다. 그래도 커피 값은 만만치 않다. 예컨대, 질적으로 같은 내용의 커피라도 길거리의 행상이 1000원에 판매한다고 해서 이를 선 듯 사마실 사람은 흔치 않다. 그 품질을 알 수 없기 때문이다. 신뢰가 없는 사회에서는 더 그렇다. 예컨대 북경의 길거리에서 행상에게서 커피를 사마실 수 있겠는가? 가격을 인하한다고 그것만으로 수요가 나타나는 것은 아니다.

주위를 둘러보면 이 신뢰의 문제는 모든 교환거래에서 수반되고 있음을 알 수 있다.[3)]

---

3) 이 논문에서 신뢰란 공감-동의 과정을 대표하는 표상으로 공감-동의 과정을 대신해서 사용되고 있다. 신뢰란 구체적 행동이 공감-동의란 포괄적 개념보다 독자의 이해를 높일 것으로 생각되어서 이다. 그러나 여기에는 위험이 따른다. 신뢰를 지수로 표현할 수 있지 않겠나 하는 환상이 끼어들 위험이다. 공감-동의는 본질적으로 인간 인지의 불완전성에서 기인한다. 즉 공감-동의 과정은 지수화 되지 않는다. 필자 논문(2012b)은 공감-동의의 경로의존성을 이용하여 공감-동의 과정이 지수화 될수 없음을 증명하고 있다.

**사례 ▸▸▸ beer: 맥주의 선택**

맥주집에서 다양한 브랜드의 맥주가 진열되어 있을 때, 어떤 맥주를 선택하는가 하는 구매자 의사결정의 경우는 시장기능이 작동하지 않는 것은 아니다. 그러나 애로-드브루 경제학(ADE)에서 토대를 두고 있는 최적화 행동과는 거리가 있다. 그 다양한 맥주의 맛과 품질의 질적 구분을 할 수 없다. 전문가라 하더라도 완전할 수는 없다. 일반 소비자의 경우는 말할 나위가 없다. 대체로 알고 있는 브랜드의 범위 내에서 소비자 선택이 이루어진다. 이것은 최적화라기보다 만족화(satisficing)가 더 적절하다(Simon 1956). 만족화란 인지의 범위 내에서 소비자 선택이 이루어짐의 말하는데, 인지의 문제가 개입되면 최적화 행동과 그것으로 이루어지는 균형분석은 더 이상 유효하지 않다.[4)]

소비자 구매에서 맥주 브랜드 선택시 만족화 행태(satisficing)는 일반적 현상이다. 인간의 인지능력은 최적화 행태를 취할 수 있는 수준이 아니며, 상품의 브랜드에 대해서 알고 있는 범위 안에서 구매선택을 할 수 있을 뿐이다. [사례 beer]는 시장기능의 부전현상이라기보다 시장기능이 최적화 행태와 균형분석으로만 설명되지 않고 교환을 가능하게 해주는 또 다른 과정, 예컨대 상품과 소비자 간의 공감-동의 과정을 수반하고 있음을 암시한다.

**사례 ▸▸▸ Coke vs. Pepsi**

소비자의 눈을 가리고 Coke와 Pepsi를 맛보게 한 후 상품을 선택하도록 하면(blind test), 결과는 대략 대등, 즉 50:50 정도로 나온다고 한다. 즉, 품질과 맛에서 둘은 차이가 없다고 할 수 있다. 그러나 시장에서 소비자의 구매실적을 보면 75:25 정도로 차이가 난다. 그 이유는 Coke가 시장의 선발브랜드로써 소비자의 인지영역을 선점하고 있기 때문이다. 사람들은 콜라하면 Coke를 떠올리게끔 인지구조가 적응되어 버린 것이다.

---

4) 이 문제는 뒤에 공감-동의를 통한 관계교환을 논할 때 자세히 취급된다.

[사례 Coke vs. Pepsi]는 소비자의 구매결정에서 상품브랜드와 소비자 간의 인지적 공감-동의 과정이 존재하고 있음을 보여준다. 사실상 모든 광고, 마케팅 행위는 소비자의 인지적 공감-동의 과정을 선점하려는 시도이다. 이들은 시장의 교환과정이 최적화 행태와 균형분석으로만 설명되지 않고 교환을 가능하게 해주는 또 다른 과정, 예컨대 상품과 소비자 간의 인지적 공감-동의 과정을 수반하고 있음을 확인한다.

**사례 ▸▸▸ LT: 유동성 함정 (liquidity trap)**

케인즈의 유동성 함정(liquidity trap)은 또 다른 맹점현상으로 보인다. 애로-드브루 경제학에 기반한 왈라스의 일반균형에 의할 것 같으면, 현금을 한없이 보유하려는 현상은 설명되지 않는다. 일시적이거나 한정된 범위에서나 있을 수 있는 현상이다. 경제에 대한 신뢰 결핍으로 현금에 대한 끝없는 보유수요가 있어서 구조적 실업이 장기간 지속되는 현상이 나타나기 때문에 결국 정부의 재정정책에 의한 개입이 필요하다고 케인즈 경제학은 설명하고 있다 (Keynes 1935). 이것은 애로-드브루 경제학의 일반균형 개념과 배치된다.

이러한 사례들이 말해주는 것은 교환거래는 신뢰 또는 공감-동의 과정을 수반해야 한다는 것이다. 즉 신뢰없이 시장의 가치교환은 이루어지지 않는다. [사례 lemon]에서 고령자의 보험시장이 존재하지 않는 현상은 고령자 보험상품에 대한 신뢰 형성이 안되기 때문이다. 피보험자나 보험회사나 모두 고령자 보험상품으로 수혜를 입게 되겠지만 실제로 건강기준을 표준화하여 이 보험상품을 출시하려고 하면 의도적이든 또는 의도적이지 않든 이 건강기준에 의해서 파악되지 않은 건강이상으로 보험료 청구가 이루어지는 도덕적 위해(moral hazard)가 발생하게 된다. 결국 신뢰결핍으로 보험사는 고령자 보험상품의 출시를 회피하게 된다.

스타벅스 커피도 같은 품질의 커피를 길거리 행상이 판다면 안팔리는 이유가 소비자가 행상을 신뢰할 수 없기 때문이다. 여러 맥주 브랜드 중에서 소비자의 선택을 받는 맥주는 광고, 미디어 등 소비자의 신뢰를 확보한 브랜드이다. Coke 대 Pepsi의 사례는 극명하게 브랜드 가치에 대한 인지의 중요성을 말해준다. 결국 신뢰는 인지에서 출발하는 것이다.

인간의 인지능력이 제한적이라는 것, 즉 인간은 무한한 지적능력을 가진 존재, 예컨대 신(God)이 아니라는 것이 전제되어야 교환거래의 성립을 정확하게 이해할 수 있게 되는 것이다.

논리의 전개상 개인 행동의 목적이 무엇인지가 전제되어야 한다.

- **설정 ISL (individual's self-love 개인의 자기애)**: 개인은 자기애(self-love)를 추구한다.[5]

만족화를 통해서 개개인들이 지향하는 바는 자기애(self-love)이다.

- 설정 BR (bounded rationality 제한적 합리성): 인간의 인지능력은 완전하지 않으며 따라서 제한적 범위에서만 합리성을 추구할 수 있을 뿐이다.

- **정의 Satisficing (만족화)**: 인지능력의 제한적 범위에서 추구하는 합리성을 만족화(satisficing)라고 부른다.

- **설정 Satisficing (만족화)**: [설정 BR]이 실현되는 행태가 만족화(satisficing)이다.

---

5) 아담 스미스(1776)는 시장교환을 통한 사회분업의 형성을 설명하면서, 인간의 자기애(self-love)가 시장교환과 사회분업을 실현한다고 밝히고 있다.

만족화(satisficing)는 최적화(optimization)과 대비되는 말이다(Simon 1956). 만족화(satisficing)는 물론 제약조건에서 최적화(constrained optimization)와 다르다. 만족화는 인지의 한계 때문에 사람들 간의 교감, 예컨대 신뢰관계에 의지해서 행동 함을 의미한다. 반면에, 제약조건에서 최적화는 사람들 간의 신뢰관계에 의존함이 없이 독자적으로 최적화 행동을 함을 의미한다. 예컨대, 구매 또는 판매 행동을 할 때, 주어진 정보(제약이 있는)를 가지고 독자적 최적화가 가능하다고 본다. 그러나 만족화는 인지의 한계는 제약조건에서 최적화로는 극복될 수 없고, 부족한 대로 사람들 간의 교감을 통해서 인지의 한계에 대처할 수 있을 뿐이라고 본다.

사람들은 우정, 동료애, 가족애, 신뢰 등 관계교환(relation exchange, 이성섭 2012b)에서부터 시장에서 이루어지는 가치교환 거래에 이르기까지 모든 교환(또는 교류)활동에서 공감-동의(sympathy-consent) 차원의 해결에 의존할 수밖에 없다.

## III. 공감-동의 차원 (Sympathy-Consent Dimension)

소개된 5개의 사례는 개별 가치교환 거래가 성립하기 위해서, 국가경제가 원활하게 운용되기 위해서 신뢰 또는 공감-동의가 필요하다는 것을 말해준다. 문제는 공감-동의를 전제로 하는 시장의 가치교환이 어느 특정 사례에 국한된 예외적 현상이 아니라 모든 시장의 가치교환에 공감-동의가 전제되고 있다는 점이다. 구매하는 식품의 선택(메이커에 내용물 품질을 의존), 의복 구매(브랜드에 품질 가치를 의존), 주택구매(건설회사 브랜드, 또는 거주

지역의 브랜드가치, 예컨대 강남에 대한 집단적 브랜드 가치 메이킹), 인력의 채용(인상, 학력, 기타 면접사항에 대한 경험적 판단 사항에 대한 신뢰), 투자(주식투자시 대상법인의 브랜드 가치사항에 대한 또는 에널리스트나 판단지표에 사항에 대한 신뢰), 외환투기(해당국가에 대한 정치, 경제 지표의 판단 사항에 대한 신뢰) 등, 관람할 영화, 연극, 스포츠, 콘서트를 선택할 때도 주인공 캐릭터 브랜드, 관람관객 집계, 평론 등 판단지표를 가지고 신뢰 또는 공감-동의를 통해서 선택한다.

왜 모든 시장의 가치교환 거래에서 공감-동의 과정이 전제되고 있는가? 근본적으로 인간의 인지능력, 즉 지적능력은 완전하지 못하기 때문이다.[6] 물론 공감-동의 과정도 불완전하다. 공감-동의 과정이 불완전하기 때문에 공감-동의 차원이 필요한 것이다.

- **설정 SCD (existence of sympathy-consent dimension 공감동의 차원의 존재성)**: [설정 BR]로부터, 복수 개인이 포함된 인간의 사회적 행동에는 공감-동의 차원의 판단이 전제된다.

공감-동의 차원을 매개로 하면 사고의 지평이 넓어지게 된다. 교환거래가 경제학에서 분석대상으로 삼고 있는 시장의 가치교환에 국한되지 않고

---

6) 김진홍 목사는 2013년 5월 11일자 메일에서 '쓸데없는 걱정' 이란 제목으로 다음과 같은 설교를 소개하고 있다."너희는 마음에 근심하지 말라 하나님을 믿으니 곧 나를 믿으라"(요한복음 14장 1절). 한 심리학자가 사람들의 염려와 걱정거리를 모아 분석하여 보았더니 다음 같은 결론이 나왔다. 첫째는 사람들이 염려하고 걱정하는 것들의 40%는 아예 일어나지 않을 일들이었다. 하늘이 무너질까 걱정하는 식이다. 둘째는 걱정거리의 30%는 이미 일어난 일들에 대한 걱정이다. 이미 엎질러진 물을 걱정하는 식이다. 걱정하여 보아야 어쩔 수 없는 걱정을 하는 것이다. 셋째는 사람들이 걱정하는 것들의 22%는 극히 사소한 일들에 대한 걱정이다. 흔히 하는 말로 "걱정도 팔자"란 말이 있듯이 걱정할 필요가 없는 사소한 일로 시간을 보내는 사람들이 많다. 넷째는 걱정하는 일들의 4%는 자신이 전혀 손 쓸 수 없는 일들을 걱정하는 것이다. 걱정하여 보았자 자신만 손해보는 일들이다. 다섯째는 나머지 4%만이 걱정하여야 할 일들이다. 이 심리학자의 연구결과로 인해서 사람들은 쓸데없는 걱정을 그만둘 수 있을까? 그만둘 수 없다. 왜냐하면 그것이 근본적으로 인간의 인지의 한계에서 기원하고 있기 때문이다. 종교의 힘은 바로 여기서 출발한다. 종교는 인간 인지의 한계를 신앙의 믿음으로 극복할 수 있는 길을 제시하고 있다. 종교가 있다는 사실이 인간 인지의 한계 또는 공감-동의 차원이 존재함을 입증한다.

인간행동의 모든 교환 또는 교류행동으로 확대될 수 있다. 대표적인 행동이 우정(friendship), 가족애(family affection), 동료애(colleagueship), 신뢰관계(trust relationship) 등이다.

이러한 행동을 어떻게 교환행동이라고 정의할 수 있는가?

교환활동은 그것이 분업을 만들어 내기 때문에 의미를 갖는다. 교환이 경제활동의 중심이라는 점은 아담 스미스에 의해서 밝혀진 바 있다 (A. Smith 1776). 교환에 의해서 생산성의 폭발적 증가가 이룩되는 것이다. 아담 스미스는 핀생산공장의 예를 들어서 분업이 핀 생산성을 240배 내지 4800배까지 증가시키고 있는 현상을 목도하고 이를 소개하고 있다. 분업은 교환이 존재함을 확인 해준다.

모든 교환은 그 자체로 분업을 만들어낸다. 제조업 공장의 분업과 같이 분명한 구분이 가는 분업도 있지만, 같은 반 친구의 노트필기를 믿고 결석해서 야구경기 관람을 가는 학생간의 분업도 있을 수 있다. 친구와 커피 숍에서 한담을 즐기면서 서로 휴식하고 만족하는 행동도 우정의 교환을 통하여 만족을 추구하는 친구 사이의 분업관계로 볼 수 있다. 우리는 끊임없이 이러한 분업-교환 관계를 이용하고 만들어내고 추구하며 생활한다. 그 종류와 경우는 셀 수 없이 많고 다양하다. 우리 생활은 전부 그런 분업으로 이루어져 있다. 필자는 이런 활동을 관계교환 활동이라고 명명하고 있다 (이성섭 2012b).

- **정의 RX (relation exchange 관계교환)**: 복수 개인간에 공감-동의(sympathy-consent) 과정을 통해서 이루어지는 교환활동을 관계교환이라고 정의한다.

오랜지나 사과를 먹으면서 즐기는 만족은 자기애(self-love) 행동이고 친구와 한담을 즐기며 느끼는 만족은 자기애를 추구하는 행동이 아니라고 말할 수 있을까? 아무 친구도 가지지 못한 사람의 절박함은 몇 끼니를 굶은 사람의 절박함에 못지 않다. 교환이 단지 시장의 가치교환만을 의미하는 것은 아니다.

## IV. 교환은 저절로 이루어지는가?

교환거래는 저절로 이루어지는 것인가? 만약 교환거래가 아무런 노력없이 저절로 성취되는 것이라면, 아커로프(Akerlof)의 레몬현상, 고령자 보험현상, 또는 노점상의 고급커피 판매 등 시장거래의 실패현상은 나타나지 말아야 한다. 그것은 공감-동의 차원이 존재하지 않는다고 가정하는 것과 같다. 사실 애로-드브루 경제학(ADE)는 공감-동의 차원이 존재하지 않는다고 가정하고 있는 셈이다.[7)]

공감-동의의 차원은 인간의 인지가 작동하는 세계이다. [설정 BR]에 따라 인지의 불완전성의 세계이다. 소비자의 인지능력으로는 수많은 브랜드의 맥주 중에서, 그 자신의 인지능력만으로 완전한 선택 또는 최적의 선택(optimization)을 하여, 하나를 결정하는 것이 불가능하다. 다만, 브랜드 이미지에 끌려서 선택할 수 있을 뿐이다. 생산자의 입장에서도 마찬가지이다. 브랜드 이미지를 만들지 못하면 판매할 수 없다. 메이커들이 광고, 마케팅에

---

7) 거래비용의 개념이 거래의 마찰을 비용으로 계량하고 있다는 주장이 된다. 이성섭 (2012b)는 공감-동의 과정을 일관된 비용지수로 계량한다는 것이 불가능하다는 것을 공감-동의의 경로의존성으로 증명하고 있다. 즉, 거래비용으로 공감-동의 과정을 일관된 비용지수로 계량하겠다는 것은 그 자체로 공감-동의 과정의 존재를 부인하는 셈이다.

많은 돈과 인력을 들여서 매달리는 이유이다. 점심 값에 맞먹는 비싼 가격의 스타벅스 커피도 브랜드 표시를 하지 않은 평범한 컵에 넣어 길거리 행상이 싼 가격에 팔면 안 팔리는 것이다. 마케팅은 안팔리는 물건도 팔 수 있게 하고, 품질이 좋은 물건도 마케팅 없이는 판매가 되지 않는다.

교환은 저절로 이루어지는 것이 아니다. 공감-동의의 차원은 인생의 모든 역사와 희비가 교차하는 살아있는 세계이다. 어떻게 교환거래를 활성화하도록 주변환경을 만들어 낼 것인가 하는 것은 경제정책의 핵심이다. 이 분석적 포인트(insight)가 애로-드브루 경제학(ADE)에서는 얻어질 수 없다. 왜냐하면 애로-드브루 경제학(ADE)에서는 교환을 당연한 것으로 간주하고 있다. 공감-동의의 세계를 인정하지 않는다. 모든 공감-동의 차원의 문제는 비용으로 계산할 수 있다고 생각한다. 그렇게 계산된 비용 중에서 최적화 행태에 따라 최소비용의 생산을 할 수 있고 이 최소비용의 공급에서 공급곡선이 유도된다. 수요곡선도 마찬가지이다. 이 과정에서 공감-동의 차원은 사라지게 된다.

가치교환이 아닌 관계교환에서는 공감-동의 차원의 중요성은 더욱 두드러진다. 신뢰를 통하여 우정, 애정, 동료애, 믿음 관계를 만들어가고 서로 교류하는 것이 인간 생활의 가장 기본적인 생존행태이다. 사람은 이러한 행위를 통하여 생업을 영위하고 가정을 꾸리며 안전과 만족을 추구한다. 그러면 이런 생활양식은 인간이 지구에 태어나면서 저절로 생겨난 것일까? 물론 아니다. 이런 생활양식을 만들어내는데 인류는 얼마의 시간을 보냈을까?

호모 사피언스(homo-sapiens)가 나타난 이후 100여만년이 흘렀다고 본다면, 이런 생활양식을 가능하게 하는 공감-동의 수준을 만들어내는데 대부분의 시간 즉 100만년을 다 보냈다고 볼 수 있다. 왜냐하면 우리가 알고 있는 문명의 시간은 크게 잡아도 1만년 정도밖에 안되기 때문이다. 공동체 사회를 영위할 수 있는 정도의 공감-동의 차원, 예컨대 도덕율을 확립하는데 100만년을 다 소비하고 나서야 인류는 문명사를 쓰기 시작한 것이다.

이것이 본격적인 교환과 분업 역사의 발원이다. 그 이래로 인류는 비약적인 물질문명을 이룩한다. 이러한 도덕율이 오늘 우리가 살고 있는 시대의 윤리규범 수준으로 완성된 것이 지금부터 2000-2500년 전 축의 시대(The Axal Age)이다. 이때가 4대 성인이 나타난 시기이다. 이 때 이래로 인류사는 지금의 우리와 동시대라고 할 수 있다.

물론 산업혁명시기에 인류는 개인의 기본권과 자유를 확립하는 시민혁명을 이룩하고 새로운 공감-동의 차원을 확립한다. 산업혁명이 이 시기에 나타난 것은 우연한 일이 아니다.

인류사에 의해서 입증되는 사실은 공동체 사회의 공감-동의를 이룩하는 것은 절대로 어려운 일이며 공감-동의를 통해서 관계교환 행태가 나타나고 그것이 생산성 향상, 물질적 풍요를 만들어낸다는 것이다. 이러한 공감-동의 차원을 지탱해주는 것이 도덕율(morality code)이며 법의 지배(rule of law)이다.

교환은 그것이 관계교환이든 또는 가치교환이든 저절로 얻어지는 것이 결코 아니다. 공감-동의 차원의 행동을 전제로 한다. 개별거래에서 뿐만 아니라 사회적으로도 공감-동의를 확보하는 것은 결코 간단한 일이 아니다. 이 부분은 매우 중요한 대목이다. 공감-동의를 얻어낼 수 있으면, 교환이 성립하고 그렇지 못하면 교환이 성립되지 않는다는 것을 의미하기 때문이다. 여기서 교환은 공감-동의를 거쳐 성사되는 관계교환을 의미한다. 필자논문(2012b)에서 [정의 VX(value exchange 가치교환)]는 가치교환이 관계교환 또는 공감-동의의 보조적 역할에 의해서 성사됨을 정의하고 있다.

- **정의 VX (value exchange 가치교환):** 불완전한 재산권이 확보된 대상에 대하여 공감-동의 과정의 보완적 역할에 의해서 가격을 매개로 이루어진 교환을 가치교환이라고 정의한다.

[정의 VX]는 필자(2012b)에서 [정의 VX]로부터 인용이다.[8)]

- **보조명제 FRX (fundamenatality of relation exchange 관계교환의 근원성):** 재산권 불완전성 [설정 IPR]을 가정할 때, 관계교환은 가치교환 보다 더 근원적 현상이다.

[보조명제 FRX]는 필자(2012b)로부터 인용이다.[9)]

공감-동의 차원이 존재하는 근본원인은 인간 인지의 한계에 있다. 사실 인간 사회의 모든 문제는 근본적으로 인지의 한계에서 기인한다고 할 수 있다. 재산권의 불완전성도 인지의 한계에서 기인한다. 아무리 주의 깊은 재산권 제도를 만들어낸다고 하더라도 그것이 완전할 수 없는 것은 본질적으로 인지의 한계에서 기인하는 것이다. 이 근본적 원인에서 발원하는 의견불일치의 문제를 도외시 하는 것은 인간사회의 가장 본질적 문제를 외면하는 것이다.

---

8) 필자(2012b)에서 정의 VX는 공감-동의를 표시하는 [i]라는 기호를 사용하고 있는데, 여기서는 추가적인 개념의 도입을 최소화 하기 위해서 기호사용을 제거하였다. 또한 정의를 보다 명확히 하기 위해서 정의 내용이 일부 수정되었다.

9) 보조명제 FRX의 증명은 필자(2012b)에 있으므로 여기서는 생략하였다.

- **특성 SCF (sympathy-consent free 공감-동의 초월 상태)**: 언제나 모든 경제상황의 손익계산이 계량적으로 완전하게 파악되어 별도로 공감-동의 과정, 예컨대 신뢰의 존재를 필요로 하지 않는 상태를 지칭한다.

[특성 SCF]는 수의 영(zero)과 같은 개념으로 공감-동의 차원의 출발 기점이 되는 개념이다. 인지의 한계가 존재하지 않는 상태를 가리킨다. 즉 인간사회에는 존재하지 않는 상태이다. [특성 SCF]가 가정되지 않으면 공감-동의 과정을 받아들여야 하는 데 이것은 관계교환을 인정해야 함을 의미한다. 즉, 시장의 가치교환이 그 자체로 거래될 수 없고 관계교환의 필수적으로 관계교환의 역할에 의해서만 성사될 수 있다는 것을 의미한다.

- **명제 ARX (attainment of relation exchange 관계교환의 성사)**: [설정 SCD]을 가정할 때, 관계교환은 저절로 이루어지는 것이 아니다.

**증명 ▸▸▸**

공감-동의 차원 (SCD)은 공감-동의 초월 상태 (SCF)가 아니다. 즉, [설정 SCD]로부터 공감-동의는 저절로 이루어지는 것이 아니라는 것을 알 수 있다. [정의 RX]로부터 관계교환은 공감-동의 차원의 행동을 전제로 하고 있다. 즉, 관계교환은 공감-동의란 쉽지 않은 과정을 통해서 얻을 수 있는 것이며, 저절로 이루어지는 것이 아니다.

- **보조명제 AVX (attainment of value exchange 가치교환의 성사)**: 가치교환은 저절로 이루어지는 것이 아니다.

**증명 ▸▸▸**

[정의 VX]에 의해서 가치교환은 관계교환을 전제로 이루어진다. [명제 ARX]에서 관계교환이 공감-동의 과정을 통해서 얻을 수 있는 것처럼, 가치교환도 저절로 성사되는 것이 아니다.

[명제 ARX]와 [보조명제 AVX]는 매우 중요한 의미를 가진다. 원활한 공감-동의를 이끌어내는 것이 관계교환 그리고 가치교환의 활성화에 전제조건임을 명시하고 있기 때문이다. 공감-동의가 원활하면 성사되지 않을 수 있었던 교환이 성사되게 되는 것이다. 즉 공감-동의의 원활함이 교환거래의 거래량을 증가시킨다.

- **특성 DXV (determination of exchange volume 교환거래량의 결정):** 공감-동의가 활성화 되면 교환 거래량이 증가한다.

**증명 ▸▸▸**

교환 거래량의 결정은 교환 거래의 성사 여부에 의해서 이루어진다. [명제 ARX]와 [보조명제 AVX]로부터 공감-동의를 필요조건으로 하는 교환거래의 성사가 증명되었다. 따라서 공감-동의의 활성화가 교환 거래량을 증가시킴을 알 수 있다.

[특성 DXV]는 경제학의 2개의 서로 다른 접근방법을 구분 짓는 분수령을 결정한다. 하나는 교환(exchange)를 중심개념으로 하는 경제학 접근방법이고 다른 하나는 기회비용(opportunity cost)를 중심개념으로 하는 경제학 접근방법이다. 이 두 접근방법은 서로 상충하는 관계에 있다. 기회비용이 중심개념이 되기 위해서는 기회비용의 계산이 일관성있게 측정되어야 한다.

공감-동의의 활성화 여부가 교환의 거래량을 변화시킨다면 그 결과 기회비용의 계산은 교환 거래량의 변화에 따라서 바뀌게 된다. 공감-동의의 존재, 즉 [특성 DVX]는 경제학이 기회비용을 중심으로 하는 접근방법 보다 교환을 중심으로 하는 접근방법이 타당함을 보여준다고 할 수 있다.

## V. 공감-동의와 경로의존성

공감-동의는 상대방이 있는 행동이다. 어느 상대방과 어떤 공감-동의에 이르게 되는지 하는 것은 우연적 현상이다. 예컨대 신뢰관계는 제한된 수의 특정된 사람들과 맺어지는 공감-동의 관계이다. 이 신뢰관계를 바탕으로 관계교환이 이루어지기도 하고 신뢰관계의 도움으로 가치교환이 이루어지기도 한다.

신뢰관계에 의해서 교환이 이루어질 경우 그 교환은 신뢰관계에 의해서 영향을 받게 되는 것이다. 즉 신뢰관계의 내용에 따라서 교환이 이루어질 수도 있고, 잘되서 많은 교환이 이루어질 수도 있고, 또 교환이 실패할 수도 있는 것이다.

그런데 어떤 개인과 신뢰관계에 있는 사람들의 그룹은 제한된 수의 특정된 사람들이다. 이 그룹에 포함된다는 것은 우연적, 역사적 현상이다. 이렇게 우연적으로 결정된 신뢰관계 그룹에 의해서 이루어지는 신뢰의 교환행동이 관계교환과 가치교환의 내용에 영향을 미치게 되는 것이다. 즉 이 신뢰관계로 인해서 교환이 일어날 수도, 안 일어날 수도, 또는 많게-적게 일어날 수도 있는 것이다. 이런 우연적, 역사적 현상이 결과에 영향을 미치는 경로의존성이 공감-동의의 특징이다.

- **정의 PD (path dependence 경로의존성)**: 역사적(우연적) 사건이 결과의 결정에 영향을 미치는 현상을 경로의존적이라고 정의한다.

● **설정 PDSC (path dependence of sympathy-consent 공감-동의의 경로의존성)**: [설정 BR]을 가정할 때, 공감-동의 과정은 경로의존적 특성을 가진다.

공감-동의 행동의 경로의존성은 궁극적으로 인간 지적능력의 한계성, 즉 제한적 합리성에 기인한다. 공감-동의 과정에 경로의존성이 존재한다면, [정의 RX]로부터 관계교환 행동도 경로의존성이 존재하게 된다.

● **명제 PDRX (path dependence of relation exchange 관계교환의 경로의존성)**: 공감-동의의 경로의존성을 가정하면, 관계교환은 경로의존이 된다.

[명제 PDRX]는 이미 필자논문(이성섭 2012b)에서 같은 이름의 명제로 증명되었기 때문에 증명을 생략한다.

관계교환이 경로의존적이라는 것은 공감-동의 정도에 따라서 관계교환이 이루어질 수도 있고, 안 이루어질 수도 있으며, 많이 이루어질 수도, 적게 이루어질 수도 있음을 의미한다. 관계교환을 통해서 시장의 가치교환이 이루어지는 정황을 파악하기 위해서 다음 CW식당의 사례를 소개하고자 한다.

**사례연구 ▸▸▸ CW 식당**

S대 캠퍼스 부근 CW식당 A사장(공급자)은 근 20년째 이 인근에서 가장 성공적으로 식당을 운영해오고 있다. 5년 이상 이 사업을 하는 사람이 많지 않은 것이 현실이다. A사장은 처음에 가락농수산시장에 직접 가서 식자재를 구입하였다. 그런데 너무 힘들고 구입자재량이 크지 않아 별로 싸지도 않았다. 그래서 중개상K에게서 구입하는 방식으로 바꾸었다. 장기적 구매를 하니 좋은 식자재를 싸게 구입하게 되었고, 무엇보다 배달해주니 편리하다. 식당업은 경쟁식당이 새로 생기면 위기가 온다. 터무니없는 가격에 덤핑이 이루어진다.

이때 A사장은 중개상과 네고를 한다. 장기적으로 구매할 터이니 '함께 위기를 넘기자'는 것이다. 가격할인과 좋은 식자재 공급을 요구하는 것이다. 이것은 A사장과 중개상K 사이의 신뢰관계에서 가능한 일이다.[10)]

CW식당 사례에서 핵심은 신규진입식당이 덤핑을 할 때, A사장과 중개상K 간에 '좋은 식재료를 절하된 가격에 공급해주어서 위기의 상황을 함께 넘기자'는 대목이다. 이 협상은 전형적인 관계교환 행동이다. 따라서 경로의존적 행동이다. A사장과 중개상K 사이에 서로 정서가 통하는, 즉 공감-동의가 이루어지는 신뢰가 형성되어 있기 때문에 가능한 일이다. 이러한 A사장과 중개상K 간의 신뢰관계는 우연히 만들어져서 지금까지 지속되고 있는 것이다. 만약 중개상 K의 행태가 마음에 들지 않아서 A사장이 중개상을 K'로 바꾼다면 바뀐 K'도 역시 우연히 만들어진 관계이고 새롭게 거래가 시작되는 것이다. 인간은 신뢰관계를 시작하고 지속함에 있어서 최적화를 할 수 없다.[11)] 그것이 인간 인지능력의 한계이다.[12)]

여기에서 제기될 수 있는 의문은 위기상황에서 제안되는 협상이 가능하다면, 왜 평상시에는 같은 제안을 하지 않느냐 하는 것이다. '좋은 식재료를 절하된 가격'에 공급해달라는 제안은 위기 상황뿐만 아니라 평상시에도 A

---

10) 음식구매자(수요자), 학생P의 경우도 비슷한 우연적 상황이 전개된다. 여러 음식점을 조사해보면, 놀랍게도 엄청나게 많은 메뉴(수백가지)가 서로 다른 가격에 공급되고 있음을 알 수 있다. 맛도 다 다르다. 어느 식당을 택해서(식당과의 신뢰관계) 어느 메뉴를 주문할 것인가 하는 것은 순전히 우연적 경험(PD) 또는 우연적 추천(PD)에 의존하게 된다. 우연히 어느 식당의 어느 메뉴가 마음에 들어서 계속 그 식당을 가서 그 메뉴를 주문하는 식(식당과 고객 간 관계교환)이다. 최적화(optimization) 의사결정이 아니다. 인간의 정보력이나 인지능력으로 점심메뉴를 정하는 것도 최적화가 아니라 만족화(satisficing)이다.

11) 최적화(optimization)이 아니라, 만족화(satisficing) 할 수 있을 뿐이다.

12) 이점에서 A 사장과 중개상 K 간의 거래를 관계적 계약(relational contract)으로 설명할 수 없다. 관계적 계약은 장기계약이 단기 계약보다 유리할 때 만들어진다고 본다. 이것은 최적화 행동이다. 만약 이것이 사실이면 장기계약을 영원히 존재할 수 없다. 언제나 새로운 상황에서 다른 장기계약으로 대체될 수 있는 상황에서 신뢰는 존재하지 않으며 이러한 계약에 응할 사람은 아무도 없다. 우리가 친구를 사귈 때도 매 상황 최적의 친구를 찾아서 옛날 친구를 대체하는 최적화를 하지 않는다. 일단 친구를 믿고 관계교환을 하며 그 결과에 만족하지 않으면 최적화로 행동을 바꾸는 것이 아니라 다른 관계교환 대상을 찾는다.

사장에게 매력적 내용이다. 평상시에 A사장이 그런 제안을 못하는 이유는 그것이 중개상 K의 수익상황을 악화시켜서 둘 사이의 관계교환을 지속시키지 못하게 하기 때문이라는 것이다. 그러면 어떻게 그러한 제안이 위기상황에서는 가능한가 하는 것이다.

이 대목이 관계교환 이론의 핵심 부분이다.

답은 교환되는 거래량이다. 평상시는 CW식당의 매출, 즉 교환거래량이 정상적 수준에서 일정하다. 따라서 좋은 식재료를 절하된 가격에 공급하면, 중개상 K에게 그 협력적 관계교환에 대하여 보상해줄 방법이 없다. 그러나 위기 상황은 CW식당과 신규 진입 식당 간의 전쟁 상황이다. CW식당이 이 전쟁에서 이기면 CW식당은 미래을 확보할 수 있다. 장기적으로 이 골목에서 강자로 지위를 굳힌다. 그러면 CW식당의 장기매출 추세는 증가할 수도 있다. 따라서 중개상 K는 더 강해진 고객 CW식당과의 거래를 통해서 미래 매출을 확보하고 위기상황의 희생에 대한 보상을 받을 수 있다. 즉 A사장과 중개상K 사이의 관계교환은 둘 사이의 미래 시장 가치교환 거래를 새롭게 창출한다.[13), 14)]

CW식당 사례를 정리하면 다음과 같다.

- **협상제안 CW:** CW식당 A사장은 평소 거래해오던 중개상K에게 '좋은 식재료를 절하된 가격에 공급해주어서 위기의 상황을 함께 넘기자'는 협상을 제안한다.

---

13) 이때 CW식당과 신규진입 식당 간의 경쟁이 제로섬 게임일 이유는 없다. 이러한 경쟁과정에서 이 골목의 고객은 전체적으로 증가할 수 있다. 이것이 자본주의 발전과정이다.

14) 이 신뢰관계 상황, 즉 CW식당 A사장과 중개상 간의 관계교환으로 설명하는 관계교환경제학(RXE) 접근방법에서 사업심(EP: entrepreneurship)과 비즈니스 모델의 설명이 가능해진다. 최적화와 균형분석에 의존하는 애로-드브루 경제학(ADE)에서는 사업심과 비즈니스 모델이 성립할 여지가 존재하지 않는다.

● **접근방법 Cost: [특성 SCF], 즉, 공감-동의 초월 상태(SCF)를 가정하면, [협상제안 CW]는 성립될 수 없다.**

**증명 ▶▶▶**

[특성 SCF]에서 모든 경제활동은 기회비용 계산이 가능하다. 따라서 평소와 달리, 특별히 위기상황에만 '좋은 식자재를 절하된 가격에 공급'해준다는 것은 가능하지 않다. 즉, 최적화 행태에 의하면, 위기상황에 가능한 것은 평소에도 가능해야 한다.

● **접근방법 Exchange: [설정 SCD], 즉 공감-동의 차원을 도입하면, [협상제안 CW]는 성립된다.**

**증명 ▶▶▶**

[설정 SCD], 즉 공감-동의 차원을 도입하면, [명제 ARX]에 의해서 관계교환이 성사되고, [보조명제 AVX]에 의해서 가치교환이 성사된다. [특성 DXV]에 의해서 교환 거래량이 증가한다. 따라서 A사장은 식자재 공급상 K씨의 희생에 대하여 미래의 계속적 거래로 보상이 가능하다.

CW식당 사례는 [특성 DXV(교환거래량의 결정)], 즉 공감-동의가 활성화되면 교환거래가 만들어진다는 분석의 적실성(effectiveness)을 보여준다. CW식당의 사례는 공감-동의의 경로의존성이 관계교환을 만들어내고 이 관계교환을 이용한 A사장의 위기탈출 사업심(entrepreneurship)과 비즈니스 모델이 작동하여 CW식당을 위기에서 살아남게 하는 전형적 사례이다.[15] [16]

---

15) A 사장의 사업심(entrepreneurship)과 비즈니스 모델은 관계교환을 통해서 설명되며 사업심 개념을 통해서 CW 식당의 매출이 유지 내지 확장되는 과정이 자연스럽게 설명된다.

16) 구매자 학생 P의 경우에도 우연히 가게 된 CW식당이 변함없는 감칠 맛과 저렴한 가격 그리고 서비스로 인해서 지속적으로 갈만한 식당으로 인지되고 점심시간에 선택의 범위에 떠오르는 식당으로 자리매김하여 매식 즉 시장가치교환으로 연결된다. 즉 CW식당과 학생 P 사이의 관계교환의 경로의존이 CW식당 음식에 대한 구매의사결정에 영향을 준다. 즉 [명제 PDRX]와 [특성 DXV]의 적실성(effectiveness)을 입증하는 사례가 된다.

신뢰 또는 공감-동의가 관계교환을 활성화 하고 이를 통해서 관계교환 행동뿐만 아니라 가치교환이 증가해서 국가경제 전체적으로 교환 거래가 증가하는 현상은 관계교환경제학(RXE)의 전형적 설명방식이며 케인즈의 유동성함정(liquidity trap) 퍼즐을 설명하는데 유용하다. [사례 LT]에서 유동성 함정은 경제공황 상황에서 장기간 실업이 존재하는 이유를 설명한다. 왈라스 일반균형이론은 신고전학파적 입장에서 장기간 실업이 존재할 수 없다고 주장한다. 그러나 경제공황에서 경제적 신뢰는 낮게 되며 따라서 관계교환이 위축된다. 그 결과 시장의 가치교환도 위축된다.[17] 즉 국가경제 전체의 교환 거래가 위축된다. 유동성에 대한 무한한 수요도 여기서 발생하며, 실업의 장기적 만성화도 교환거래의 위축으로 발생하는 것이다. 신고전학파적 왈라스 일반균형이론은 관계교환의 위축으로 발생하는 현상을 파악하지 못하고 있다.

## VI. 닫힌 경제학과 열린 경제학

애로-드브루 경제학(ADE)은 최적화-균형이론의 틀에 의해서 경제현상을 설명하는 접근방법을 사용하고 있다([정의 ADE]). 문제는 이 이론접근방법이 일관성있게 파악을 못하는 경제현상이 존재한다는 것이다. 이점에서 애로-드브루 경제학(ADE) 접근방법은 결함을 가진 경제학 접근방법이라는 것이 이 논문의 요지이다. 한마디로 표현하자면 애로-드브루 경제학(ADE)는 공감-동의 차원을 결여하고 있다. 이로 말미암아 애로-드브루 경제학

17) [특성 DXV]가 적용된다.

(ADE)는 현실성을 결여한 접근방법이 되고 있다.

우선 닫힌 경제학 (CS: closed system of economics)을 정의한다.

- **정의 CS (closed system of economics 닫힌 경제학)**: 경제학 접근방법이 구조적으로 일관성 있게 파악하지 못하는 경제현상 영역을 가지고 있을 때, 이 경제학 접근방법을 닫힌 경제학이라고 정의한다.

[사례 lemon]에서 [사례 LT]까지 5개의 사례는 공감-동의 차원에 존재하는 현상임을 귀납적으로 입증해주고 있다. 실제로 공감-동의가 실현되는 현상은 관계교환이다. 즉 공감-동의를 통해서 관계교환이 이루어지는 것이다. [설정 PDSC]와 [명제 PDRX]가 밝히는 바와 같이 공감-동의 및 관계교환은 경로의존성을 특징으로 하고 있다.

애로-드브루 경제학(ADE)는 [특성 SCF]를 암묵적으로 가정하고 있는 것이다.

- 특성 SCF-ADE (sympathy-consent-free Arrow-Debreu Economics 공감-동의 초월 상태의 애로-드브루 경제학): 애로-드브루 경제학(ADE)은 암묵적으로 공감-동의 초월 상태를 가정하고 있다.

**증명** ▸▸▸

애로-드브루 경제학(ADE)는 공감-동의 차원을 고려하지 않는다. 예컨대 신뢰를 가치교환의 전제조건으로 상정하지 않는다. 고로 애로-드브루 경제학(ADE)는 공감-동의 초월 상태를 암묵적으로 가정하고 있다.

[특성 SCF]은 공감-동의 차원의 출발점이다. [특성 SCF]는 공감-동의 차원과 애로-드브루 경제학을 연결해주는 고리가 된다. 따라서 공감-동의 초월 상태(SCF) 존재 자체가 공감-동의 차원, 즉 신뢰 차원의 존재 가능성

을 입증한다. 일단 공감-동의 차원의 존재를 인지하면, 즉 [설정 SCD]를 가정하면, [보조명제 FRX (관계교환의 근원성)]에 의해서 관계교환의 근원적 존재를 인지하지 않을 수 없다. 즉 관계교환 행동 그리고 가치교환의 성사를 위한 필수적 전제조건으로서의 관계교환 행동을 인지하게 된다.

- **특징 CSADE (closed system of Arrow-Debreu economics 닫힌 시스템으로서의 애로-드브루 경제학):** 애로-드브루 경제학(ADE)은 닫힌 경제학 시스템이다.

**증명** ▶▶▶

[특성 SCF]에 의해서 애로-드브루 경제학은 공감-동의 차원과 연결된다. 즉, 애로-드브루 경제학 시스템은 공감-동의 초월 상태([특성 SCF])가 된다. 그러나 공감-동의 차원은 현실적인 대부분의 경제적 현상을 만들어 내는 세계가 된다. [보조명제 FRX (fundamentality of relation exchange 관계교환의 근원성)]은 관계교환이 가치교환 보다 더 근원적 행동임을 증명하고 있다. [특성 SCF]가 가정됨으로써 공감-동의 차원이 애로-드브루 경제학(ADE)에서는 부재한다. 즉 애로-드브루 경제학(ADE)은 보다 근원적인 관계교환 활동은 분석에 포함하지 않고 그 보다 덜 근원적인 즉 파생적 행동인 가치교환 활동만 분석에 포함하고 있다. 따라서 [정의 CS (닫힌 경제학)]에 의해서 애로-드브루 경제학(ADE)는 닫힌 시스템이다.

애로-드브루 경제학(ADE)이 닫힌 경제학이라면, 관계교환경제학(RXE)는 열린 경제학 시스템이 된다. 관계교환경제학(RXE)은 공감-동의 차원을 포괄하고 있다. 따라서 애로-드브루 경제학은 관계교환경제학의 특수 상황, 공감-동의 면제 상태(SCF)가 된다. 그러면 관계교환경제학에는 애로-드브루 경제학에서 설명하지 못하는 어떤 현상을 설명할 수 있는가? 관계교환경제학(RXE)에서 설명되는 현상을 몇 가지 나열하면 다음과 같다.

**[예시 RXA: relation exchange action 관계교환 활동]:**

애로-드브루 경제학(ADE)에서는 시장의 가치교환만을 분석의 대상으로 삼고 있다. 그러나 교환이란 본질적으로 관계교환 활동이 근원적 교환활동이다. 예컨대, 우정관계, 동료관계, 가정의 애정관계, 신뢰관계 등이 그것이다. 이러한 관계를 교환활동이라고 할 수 있느냐는 의문이 제기될 수 있으나, 이들은 분명 교환활동이다. 그 이유는 관계교환이 분업을 만들어 내기 때문이다. 관계교환이 가치교환을 도와서 그것이 성사되게 할 경우 분명 분업이 생겨난다. 그러나 가치교환과 관련 없는 관계교환 그 자체만으로도 분업이 만들어 진다. 이러한 경제활동이 애로-드브루 경제학(ADE)에는 빠져 있다.

**[예시 RXO: relation exchange order 관계교환 행동 질서]:**

관계교환 행동은 인간 행동의 가장 근원적 행동이 된다. 시장의 가치교환은 이러한 관계교환 행동의 특수 상황 행동이다. 즉, 관계교환 행동의 부분집합이다.

관계교환 행동의 가장 근원적 행동이기 때문에, 관계교환 행동은 조직에서 인간행동을 설명할 수 있다. 즉 조직에서 인간행동의 질서는 관계교환 행동에 의해서 정의 된다. 사회 전체적으로도 인간행동이 만들어내는 질서는 관계교환 행동에 의해서 그 기초단위가 구성되어 있다. 즉 하이에크의 자생적 질서(spontaneous order)는 본질적으로 관계교환 행동 질서를 의미하는 것으로 보여 진다.

**[예시 LPA: law, public administration 법과 행정]:**

관계교환 행동이 조직에서 인간행동의 가장 기초 단위이고, 사회 전체적으로 관계교환 행동이 기초행동질서를 만드는 구성단위가 된다는 것이 [예시 RXO]에서 소개되었다. 이러한 조직의 운용과 사회질서의 운용을 위해서 만들어지는 법, 행정학은 관계교환 질서의 개념으로 설명되어야 정확히 설명될 수 있다 (Rhee 2012d).

**[예시 EP: entrepreneurship 사업심]:**

관계교환경제는 미결정적 시스템(indeterminate system)이다. 인간은 최적화 행동을 할 수 없으며, 만족화(satisficing)를 추구할 수 있을 뿐이다. 인간행동의 미결정 영역이 공감-동의 영역이다. 예컨대, 신뢰가 인간행동의 미결정영역을 설명해주고 있다. 그러나 신뢰, 즉 공감-동의 행동은 완전한 행동이 아니며 따라서 인간행동은 본질적으로 불완전한 행동이다. 물론, 재산권, 도덕, 법 등이 이 불완전한 영역의 인간행동을 규율하고 있다. 그러나 이러한 제도들도 완전하게 인간행동을 규율할 수는 없다. 인간사회는 본질적으로 불완전성을 본질로 하고 있다. 반면, 애로-드브루 경제학(ADE)은 결정적 시스템(determinate system) 이다. 최적화 행동과 균형에 의해서 경제활동이 결정된다. 그 결과 애로-드브루 경제학(ADE)에서는 사업심(EP: entrepreneurship)이 역할을 발휘할 여지가 주어지지 않는다. 관계교환경제학(RXE)에서는 사업심(EP)이 불완전한 제도, 불완전한 인간행동, 그리고 이들과 결합하여 경제적 (예컨대, 자본, 기술, SOCs, 정보, 교육, 도시화, 지적축적, 미디어 등), 비경제적(예컨대, 법, 도덕, 조직, 정치, 등) 요인을 지렛대로 사용하여 비즈니스 모델을 도입할 수 있다. 이것이 애로-드브루 경제학(ADE)에서는 불가능하다.

[부표: 애로-드브루 경제학의 닫힌 시스템과 관계교환경제학의 열린 시스템]은 애로-드브루 경제학(ADE)와 관계교환경제학(RXE)의 차이점에서 드러나는 특징을 비교하고 있다.

## VII. 요약과 결론

교환은, 관계교환[18]이든 시장의 가치교환이든, 저절로 이루어지는 것이 아니다. 그 교환을 성사시키기 위해서 공감-동의 차원의 행동이 필수적으로 수반되고 있다. 예컨대, 신뢰가 대표적인 공감-동의 차원의 행동이다. 즉 신뢰차원 없이 교환은 일어나지 않는다. 이것은 관계교환에서만 아니고 시장의 가치교환에서도 그렇다. 이점을 설명하기 위해서 아커로프(Akerlof)의 레몬 시장이 성립하지 않는 사례에서부터 5개의 사례가 소개되었다.[19) 20)]

관계교환에서는 공감-동의를 필수적으로 수반한다. 그러나 공감-동의가 필요한 것은 시장의 가치교환에서도 마찬가지이다. 필자 논문(2012b)은 관계교환, 즉 공감-동의 차원이 가치교환 보다 더 근원적 현상임을 증명하고 있다. 즉 공감-동의는 인간 행동의 가장 근원적 차원이고 그것은 관계교환 행동으로 나타난다. 가치교환은 공감-동의 차원의 특수한 상태에서 나타나는 행동이다. 즉, 언제나 공감-동의를 완전하게 만들어 내는 상태(SCF: sympathy-consent free)이다. 애로-드브루 경제학(ADE)은 바로 이 상태(SCF)를 가정하고 나서야 성립하는 이론이다.

공감-동의 차원은 본질적으로 인간의 인지한계에서 출발한다. 인간은 최적화(optimization)를 하는 것이 아니라, 만족화(satisficing)를 할 수 있을

18) 개인 간의 관계가 관계교환 활동으로 되는 것은 관계의 교환을 통해서 분업이 만들어지기 때문이다.

19) 5개의 사례가 소개된 이유는 공감-동의 차원 행동이 5개 사례가 설명하는 예외적 상황만이 아니라 모든 교환에서 필수적으로 수반되는 요소라는 것을 설명하기 위해서 이다.

20) 애로-드브루 경제학(ADE)에서는 거래비용(transaction cost)의 개념으로 이를 설명하고 있으나 이것은 잘못된 설명이며, 교환의 개념에서 출발한 접근방법이 거래비용 접근방법과 양립되지 않는다는 것이 이 논문의 주장이다.

뿐이다. 식품점에서 치즈를 고를 때 다수의 브랜드 중에서 광고에서 낯익은 브랜드 또는 다른 사람의 추천에 의해서 설득된 브랜드를 고른다. 광고에 의해서 낯익어진다는 것은 공감-동의 과정이다.

관계교환이 만들어지는 것이다. 다른 사람의 추천에 의해서 설득된다는 것도 공감-동의 과정이다. 역시 관계교환이 만들어지는 것이다. 만약 이 과정에 만족하지 않고 다른 방식으로 구매할 브랜드를 선택한다고 해도 역시 또 다른 형태의 공감-동의 과정을 밟는 것이고 또 다른 방식의 관계교환을 추구하는 것이다. 이것이 인지적 한계를 가진 인간사회의 생활양식이다. 이것은 최적화가 아니라 만족화이다. 이 공감-동의 과정과 관계교환에서는 우연한 시작이 결과에 영향을 미치게 된다. 즉 경로의존성이 공감-동의 과정과 관계교환의 지배적 특징이 된다.

경로의존적 관계교환의 세계는 사업가의 사업심(EP)이 역할을 발휘하는 세계이다. CW식당의 A사장과 식자재 공급상 K씨 간의 위기극복 협상 (싼 값에 양질 식자재의 공급) 사례는 관계교환을 통해서 사업심이 발휘되는 전형적인 비즈니스 모델을 보여준다.

관계교환 접근방법의 사업심은 공감-동의, 관계교환을 통해서 그렇지 않으면 실현되지 않을 수 있는 관계교환 및 가치교환이 새롭게 발생하게 할 수 있는 것이다.

이것은 매우 중요한 결과이다. 교환(exchange)을 중심으로 하는 경제학 사고의 태동을 의미한다. 지금까지 경제학에서 교환은 생겨날 수도 있고, 생겨나지 않을 수도 있으며, 활발할 수도 있고, 저조할 수도 있는 것이 아니라, 주어진 것으로 간주되고 따라서 경제행동에 대한 일관된 계산이 가능한 비용(기회비용 또는 거래비용)을 중심개념으로 하는 경제학 사고가 발전되어 왔다.

교환(exchange)을 중심 사고로 하는 경제학 접근방법이 유효하면 비용(cost)을 중심 사고로 하는 접근방법은 유효하지 않게 된다. 공감-동의 관계교환에 의해서 교환이 새롭게 생성될 수 있다면, 일관성 있게 비용을 측정하는 것은 가능하지 않게 된다. CW식당의 위기관리 사업심 모델은 식자재 공급상과의 공감-동의 관계교환이 새로운 교환을 만들어내는 것이 가능함을 보여준다.

애로-드브루 경제학(ADE)에서는 경제주체가 최적화 행태를 취하고 그 결과 경제는 균형해에 의해서 설명된다. 경제행동에 대한 일관된 비용계산이 가능해진다. 공감-동의 차원이 존재하지 않으며, 관계교환의 영역이 존재하지 않는다. 이것은 공감-동의 초월(SCF: sympathy-consent free) 상태를 의미한다. 이 세계에서 사업심(entrepreneurship)과 비즈니스 모델의 역할은 존재하지 않는다. 경제학이 최적화 행태와 균형모델의 틀에 갇혀서(CS: closed system) 현실적 현상을 담아내지 못하고 있다. 반면에 관계교환경제학(RXE)은 애로-드브루 경제학을 공감-동의 초월(SCF)의 특수 상태를 의미하는 부분집합으로 포함하는 열린 접근방법(OS: open system)이라고 할 수 있다.

이러한 경제학 접근방법의 본질적 차이는 불황에 대한 분석에서 극명하게 나타난다. 애로-드브루 경제학, 예컨대 왈라스 균형분석은 경제운용에 대한 불안에서 비롯되는 신뢰 상실에서 발생하는 케인즈 유동성 함정을 설명하지 못한다. 사회적으로 공감-동의 또는 신뢰의 창출을 통해서 새롭게 교환이 생성되고 경제가 확장되는 과정, 즉 [특성 DXV: determination of exchange volume 교환거래량의 결정]을 설명하지 못한다.

## 참고문헌

이성섭 (2007), “개인과 집단간의 연결고리로서의 제도,” 『제도와 경제』1권 1호, 5-15쪽.

____ (2009), “제도와 사업심(entrepreneurship) 경제학,” 『제도와 경제』3권 2호, 37-60쪽.

____ (2012b), “관계교환 경제학,” 『제도와 경제』6권 2호, 123-151쪽.

____ (2012c), “관계교환경제학이란 무엇인가?” 『제도와 경제』6권 3호, 5-18쪽.

Akerlof, George A. (1970). "The Market for 'Lemons': Quality Uncertainty and the Market Mechanism". *Quarterly Journal of Economics* (The MIT Press) 84 (3): 488-500.

Arrow, K. J. and Debreu, G. (1954), "Existence of an Equilibrium for a Competitive Economy," *Econometrica*, 22: 265-290.

Baker, G., R. Gibbons and K. J. Murphy (2002), 'Relational contracts and the Theory of the Firm,' *The Quarterly Journal of Economics*, Vol. 117 No. 1, 39-84.

Bentham, Jeremy (1789), *An Introduction to the Principles of Morals and Legislation*, London: T. Payne.

Buchanan, J. M. and G. Tullock (1962), *The Calculus of Consent*, The University of Michigan Press.

Coase, R. (1937), "The Nature of the Firm," *Economica* n.s., 4 (November 1937)

_______(1960), "The Problem of Social Cost," *The Journal of Law and Economics*, 3, 1-44, The University of Chicago Press.

Robert D. Cooter and Hans-Bernd Schäfer (2012), *Solomon's Knot: How Law Can End the Poverty of Nations*, Princeton University Press.

Grossman, S. J. and O. D. Hart (1986), 'The Costs and Benefits of Ownership: A Theory of Vertical and Lateral Integration,' *Journal of Political Economy*, Vol. 94 No. 4, 691–718.

Hart, O. and Moore, J. (1990), "Property Rights and the Nature of Firm," *Journal of Political Economy*, 98, 1119–1158.

____________ (1999), "Foundations of Incomplete Contracts," *The Review of Economic Studies*, vol.66, no.1, special issue: contracts (Jan., 1999), 115–138.

Hayek, F. A. (1968), 'Competition as A Discovery Procedure,' translated by M. S. Snow in *The Quarterly Journal of Austrian Economics*, vol. 5, no. 3 (Fall 2002), 9–23.

__________(1982), *Law, Legislation and Liberty*, Routledge & Kegan Paul.

David Hume (1739), *Treatise of Human Nature*, reprinted by Prometheus Books in 1992.

Kahneman, D. and Tversky, A. (1973). "On the psychology of prediction," *Psychological Review* 80(4): 237–251.

J. M. Keynes (1935), *The General Theory of Employment, Interest and Money*, Harcourt Brace, New York.

Alfred Marshall (1890), *Principles of Economics*, London Macmillan.

Carl Menger (1871), *Principles of Economics,* first printing in German (1871), first English translation, The Free Press (1950).

Elinor Ostrom (1990), *Governing the Commons: the Evolution of Institutions for Collective Action*, Cambridge.

Rhee, Sung Sup (2008), *Cases and Analyses of the Heavy–Chemical Industrial Promotion Policy (1973–79) in Korea*, Ministry of Strategy and Finance, KDI School of Public Policy and Management.

____________ (2012d), "Is the Rule of Law Friendly with Exchange Activities?," 『제도와 경제(*Review of Institution and Economics*)』, vol. 6 no.3, pp. 19–48.

____________ (2013), *Relation Exchange Economics*, forthcoming.

J. A. Schumpeter (1934), *The Theory of Economic Development*, 12th printing(2006), Transaction Publishers.

Simon, H. A. (1956). "Rational choice and the structure of the environment", *Psychological Review*, Vol. 63 No. 2, 129–138.

Adam Smith (1759), *The Theory of Moral Sentiments*, Liberty Classics edition in 1982.

________ (1776), *An Enquiry into the Nature and Causes of the Wealth of Nations*, edited by Edwin Cannan, M.A., LL.D(1937), The Modern Library, New York.

Leon Walras (1877), *Elements of Pure Economics* (trans Jaffe), Irwin, 1954

Oliver E. Williamson (1985), *The Economic Institutions of Capitalism: Firms, Markets, Relational Contracting*, The Free Press.

[부표: 애로-드브루 경제학의 닫힌 시스템과 관계교환경제학의 열린 시스템]

| | 닫힌 경제학 (Closed System) | 열린 경제학 (Open System) |
|---|---|---|
| 행태 (behavior) | • 합리성 (rationality)<br>• 최적화 (optimization) | • 제한적 합리성 (bounded rationality)<br>• 만족화 (satisficing) |
| 행태결과 | 균형분석 (equilibrium analysis) | 관계교환 (relation exchange) |
| 인지능력 (cognizance) | 합리성 가정 (rationality) | 제한적 인지능력 (limited intelligence)<br>• 우연적 관계(친구, 동료, 신뢰)의 영향력에서 벗어나지 못함<br>• 경로의존성 (path dependence) |
| 균형분석 (equilibrium analysis) | 가능<br>• 기회비용 분석 (opportunity cost analysis)<br>• 기회비용분석은 SCF의 결과<br>교환은 저절로(SCF) 이루어지는 것 | 최적화 균형은 불가능<br>• 기회비용분석 불가능<br>• 교환은 공감-동의로 만드는 것<br>관계교환질서(RXO)의 균형은 가능 |
| 교환범위 (scope of exchange) | 가치교환(VX: value exchange)에 국한 | 관계교환(RX: relation exchange)으로 확장 |
| 재산권 (property right) | 완전한 재산권<br>(perfect property right) | 재산권의 불완전성<br>(IPR: imperfect property right) |
| 공감-동의 차원 (sympathy-consent dimension) | 공감-동의 차원 부재 (non-existence of SCD): 공감-동의 초월 상태(SCF) | 공감-동의 차원 (SCD)<br>• 인간 행동은 공감-동의 차원을 벗어날 수 없음<br>관계교환 행동으로 연결 |
| 경로의존성 (PD: path dependence) | 경로의존성 부재<br>(non-existence of PD) | 경로의존성 (PD) |
| 교환거래 생성 (making of exchange) | 교환거래 생성 여부에 무관심<br>(교환거래는 저절로 생성) | 공감-동의를 통해서 교환거래가 생성됨 (교환거래는 만들어지는 것) |

# 4 법의 지배는 교환 활동에 친화적인가?[1)]

## I. 문제의 제기

법치 또는 법의 지배가 교환거래에 친화적인가? 우리는 이 질문에 대해서 그렇다고 하는 긍정적 확신을 가지고 있는가? 이 질문에 답하는 것이 이 연구의 핵심내용이다.

하이에크는 『자연의 법, 의회입법, 자유 』(Hayek 1982)에서 이 문제를 제기하고 자생적 질서(spontaneous order)에 따르는 법제도가 해답이라고 제시하고 있다. 비록 하이에크의 해답이 이 엄청난 문제에 해결의 큰 방향을 제시하였다고 하더라도 여기에는 다음의 2 가지 중요한 문제가 다시 제기된다.

1) 한국경제학회 주최 "2011 경제학 공동학술대회"에서 발표, 2011년 2월10일, 중앙대학교 법학관 901호.

첫째, 자생적 질서의 개념이 추상적이고 구체적이지 못하다는 것이다. 특히 구체적인 법제도와 자생적 질서와의 연관관계가 구체적이지 못하다. 이 연구는 이 점에서 법제도와 자생적 질서의 개념에 구체성에 이르는 방법을 제시하고 있다.

둘째, 하이에크의 오스트리안 접근방법과 주류경제학이론과 이론적 접점이 부재하다는 것이다. 이점은 양쪽 모두에 문제가 있는 것으로 보인다. 오스트리아학파의 경우 법제도적 양식에 대한 구체성이 결여되어 있다는 문제가 있다. 주류경제학의 경우 제도를 파악할 이론구도가 갖추어 있지 못하다. 신제도주의 경제학(new institutional economics)은 본질적으로 신고전학파 주류경제학의 이론 틀에서 제도에 대한 해석이며, 그 자체로 제도에 대한 이론적 기반을 갖추고 있지 못하다.

본 연구는 주류경제학이, 제도를 이론분석의 본질적 요소로 설정하지 않은 채로 단지 외생적 여건으로 간주함으로써, 경제분석에서 제도의 역할을 파악하는데 실패하고 있다는 점에 주목하고 있다. 관계적 계약(relational contract)이론은 거래비용을 계량함으로써 주류경제학의 이론구조에서 잠금효과(lock-in effect)를 파악하고 사후적 관계적 독점관계를 설명할 수 있다고 보고 있다(Williamson 1985; Hart 1987). 그러나 제도여건의 변화가 이론구도의 운용과 상호작용을 통하여 거래비용의 개념이 불안정하게 되는 실존현상에서 이러한 주류경제학의 접근방법은 본질적으로 제도문제의 실체를 파악하는데 실패하고 있다.

본 연구에서는 제도의 불완전성을 경제학에 도입함으로써 오스트리안의 접근방법과 주류경제학의 이론과의 이론적 접점 확보를 모색하였다.

제도의 불완전성은 관계적 교환의 개념도입을 가능하게 한다(이성섭 2010). 이 연구는 관계적 교환활동으로 이루어지는 질서에서 법제도 양식을 파악함을 내용으로 한다. 이것은 법제도에 대한 지금까지 경제학 이론의 접근방법과 전혀 다른 새로운 접근방법의 모색이요 시도이다.

본 연구에서는 관계적 교환활동의 질서를 정의하고 그 질서에서 법제도 양식 개념을 도입하고 이 개념을 교환활동의 질서에서 구분해내는 작업을 하게 된다. 이 작업은 관계적 교환 질서의 법제도 존재양식과 법제도 운용양식을 구분하여 파악하는 방식을 추구한다. 이렇게 해서 구한 것이 [표1: 관계적 교환 질서의 법제도양식]이다.

본 연구에서는 이 표를 한국의 헌법재판소의 판례(1988-2003) 29건에 적용하여 사례분석함으로써 '법의 지배가 교환활동에 친화적이다' 고 하는 결론에 도달하게 된다.

이 연구는 II절에서 제도의 불완전성으로부터 관계적 교환의 개념이 도입됨을 밝힌다. III절은 관계적 교환활동의 사회질서 운용을 확인하고 이 사회질서의 법제도 존재 및 운용양식을 찾아내는 작업을 하게 된다. 이 과정에서 설정된 개념범주 구분에 따른 법제도 변화의 교환활동 친화성 판단을 하게 된다. 이 부분의 내용이 이 연구의 핵심에 해당한다. IV절은 29건의 헌재결정(1988-2003)을 [표1]에 따라 분류하고 헌재결정의 교환활동 친화성 여부를 판단하게 된다. V절은 요약과 결론을 제시하고 있다.

## II. 제도의 불완전성과 관계적 교환

제도는 본질적으로 불완전성(imperfect institution)을 특징으로 하고 있다(Eggertsson 2005). 재산권 제도도 특수한 제도형태이며 마찬가지로 본질적으로 불완전하다.

재산권제도를 규정하는 수많은 제도가 있다. 그럼에도 불구하고 모든 상황에서 완전한 재산권이란 정의될 수 없다. 재산권을 완전한 소유의 개념으로 확립한다는 것은 법제도적으로 불가능하며, 이를 완전하게 집행하는 것은 더욱 어렵다(Dworkin 1986). 법원에서 진행되는 수많은 민사소송은 이 불완전성을 입증한다고 볼 수 있다. 실생활에서는 법원에 제소되지 않는 더 많은 분쟁이 존재한다. 즉 재산권제도는 그 자체로 불완전하다. 특히 새롭게 등장한(또는 고안된) 경제활동에 대한 재산권제도는 불완전할 수밖에 없다.

제도의 불완전성, 특히 재산권 제도의 불완전성이 전제될 때, 교환활동은 어떻게 성립하게 될까?[2] 분명한 점은 교환활동이 단순한 가치교환으로만 성립될 수 없다는 것이다.[3] 불완전한 재산권제도의 상황여건에서 그 가치교환이 유효하게 작동하도록 하는 개인행태가 나타나게 된다(이성섭 2010).

예컨대, 신뢰관계(trust relations)를 수립하는 행위가 나타나게 된다(Fukuyama 1995). 불완전한 재산권제도를 개인 간에 또는 사회구성원의 활동에서 신뢰관계를 구축함으로써 보완해주는 시도가 나타나게 된다. 또한

2) 여기에서 교환을 중심개념으로 부각시킨 것은 교환이 모든 경제현상의 핵심이기 때문이다. 경제활동의 유익한 결과는 본질적으로 교환에서 비롯된다. 교환은 분업, 즉 전문화를 가능하게 하고, 분업과 전문화는 생산성이 비약적 증가 되도록 한다 (A. Smith 1776).

3) 가치교환은 가격을 매개로 하는 시장의 교환활동을 지칭한다. 이 논문에서 가치교환은 곧 바로 소개될 관계적 교환과 대비되고 있다. 관계적 교환은 가격을 매개로 하지 않고 신뢰(trust)를 매개로 교환활동을 하게 된다.

이러한 신뢰관계에 기반을 둔 교환질서가 유효하게 성립하도록 하는 법, 행정 등 사회질서 구도가 나타나게 된다(North, Wallis, Weingast 2009).

제도의 불완전성을 전제로 할 때, 도덕규범 등 자생적으로 생성된 제도 그리고 법, 행정 등 인위적으로 만들어진 제도, 그리고 각종의 사회현상을 경제이론분석의 본질적 구성요소로 이끌어내기 위해서, 우선 관계적 교환(relational exchange) 활동을 설명할 필요가 있다(이성섭 2010). 본 연구에서는, 불완전성을 제도의 본질적 성격으로 규정함으로써, 도덕규범, 법, 행정, 그리고 각종 사회현상이 경제학의 이론 분석에서 본질적 요소로 되게 하는 기틀을 마련하게 된다.

- **정의 1 (관계적 교환):** 관계적 교환이란, 재산권이 설정되지 않는 대상에 대하여, 개인들이 또는 집단을 구성하여 직 간접적으로 개별 경제주체의 이익을 추구하는 과정에서 신뢰(trust)를 매개로 하여 발생하는 구성원 간의 교환적 행위를 지칭한다.

여기서 신뢰란 포괄적 개념으로 우정(friendship, fraternity), 애정(affection), 동료애(colleagueship), 단결력(solidarity)를 모두 포괄하는 것으로 본다. 관계적 교환은 그룹활동, 동창, 친구관계의 수립 등 행위뿐만 아니라, 넓은 의미에서 개인의 신뢰성확립, 고객신뢰 확보 등 행위를 모두 포함한다.

교환적 행위는 가치교환 뿐만 아니라 관계적 교환을 모두 포함한다.

전통적 경제학의 전통에서 교육된 우리는 시장의 가치교환 개념에는 친근하지만, 관계적 교환의 개념은 익숙하지 않다. 시장교환은 재산권이 확보된 대상에 대해서 가치교환의 형식으로 이루어지지만, 관계적 교환은 재산권이 확보되지 않은 경우 나타나게 된다.

시장의 가치교환에서 가격이 상품의 가치평가척도로 표시되며, 화폐가 가치평가척도 표준단위(unit of measurement) 역할을 하며 동시에 교환의 매개(medium of exchange)의 역할을 한다. 그러나 관계적 교환에서는 화폐가 (화폐로 가치평가가 이루어진 재화에 대하여서는) 가치평가척도 표준단위 역할을 할 수 있지만 교환의 매개의 역할을 하지는 못한다.

신뢰(trust)가 화폐를 대신하여 교환의 매개의 역할을 하게 된다. 우리는 친구에게 식사를 함께 하거나, 등산을 함께 하거나, 정보를 교환함으로써 공동의 행위를 통해서 우정과 신뢰를 쌓고, 이 우정과 신뢰를 통해서 친구로부터 신뢰에 어긋나지 않는 반대급부를 기대하거나 반대급부를 챙기게 된다.

관계적 교환에서 제도, 예컨대, 신뢰는 교환 활동의 배경적 여건이 아니라 교환활동에 대한 이론적 분석 구도에서 본질적 구성요소로 등장하게 된다.[4] 신뢰를 매개로 관계적 교환이 이루어지고 그 교환활동 중에 신뢰가 쌓이게(또는 허물어지게) 된다.

사실 인간사회에는 태초에 관계적 교환이 있다고 할 수 있다. 관계적 교환은 인간의 사회생활의 기본적 형태이기 때문이다.[5] 원시인의 생활에서도 인간은 믿을 수 있는 개인 간의 신뢰관계를 구축하며 재화 뿐만 아니라, 애정, 우정, 유대감을 주고 받고 이로써 개인 생활의 물질적 및 정신적 안전을 도모하였다. 기꺼이 정신적, 시간적, 물질적 대가를 지불하면서 개인 간에 또는 그룹 간에 신뢰를 교환할 수 있는 관계네트워크를 구축한다.

---

4) 신뢰가 이론분석구도에서 본질적 요소로 등장한다는 것은 이론이 가격(p), 물량(q)으로만 설명되는 것이 아니라 제도(i)가 본질적 요소로 등장한다는 것을 의미한다. 이성섭(2010)에서 전자는 (p,q)체체로 후자는 (p,q,i)체제로 구분되고 있다. 이성섭(2010)는 (p,q,i)체제가 (p,q)체체와 전혀 다른 세계임을 묘사하고 있다.

5) 가정은 가치교환 없이 관계적 교환만으로 구성된 사회이다.

현대 후기산업사회에서도 인간사회의 이러한 행태에 본질적 변화는 없다. 신뢰를 근간으로 하는 사회생활은 인간 사회의 본원적 요소이기 때문이다.[6] 예컨대 동창회에 참가하며 기꺼이 경제적 및 시간적 비용을 지불한다. 즉 회사의 연말결산으로 24시간이 부족한 상황에서도 시간을 쪼개서 연말 동창모임에 참가한다.

물론 신뢰가 작동하는 제도형식은 사회에 따라 시대에 따라 변화한다. 예컨대, 크로니즘(cronyism)에 가까운 후진국형 관계적 네트워크와 엄격한 정직의 원리에 입각한 신뢰를 기반으로 하는 선진국형 관계적 네트워크가 구분된다. 전자는 신뢰관계의 유지에 많은 시행착오와 비용을 소요하며, 후자는 효율적이고 비용절약적인 신뢰관계를 만들게 된다.

시장교환, 즉 가치교환은 신뢰를 기반으로 하는 관계적 교환을 기틀로 해서 생겨난 것이다. 재산권이 온전히 설정될 수 있어서 교환의 대상에 객관적 가치가 결정될 수 있다면(예컨대, 시장에서 교환되는 재화에 가격이 결정되는 것과 같이), 교환거래를 위해서 보완적 신뢰관계의 설정이 필요하지 않게 되며, 교환은 추가적 비용을 들이지 않고 가장 효율적으로 이행될 수 있다.

그러나 교환의 대상에 재산권이 온전히 설정될 수 없는 상황이라면, 가치교환만으로 교환이 완성되기 어렵게 된다. 이 경우는 교환거래를 위하여 보완적 신뢰관계의 설정이 필요하게 된다. 보완적 신뢰관계의 설정, 즉 관계적 교환은 사람들 사이에 신뢰관계를 설정하는 행위를 지칭한다. 가격이 매개

6) 본 연구의 신뢰(trust)는 우정(friendship, fraternity), 애정(affection), 동료애(colleagueship), 단결력(solidarity)를 모두 포함하는 포괄적 개념으로 협의의 신뢰를 의미하는 Fukuyama(1995)의 신뢰와 구분된다. 본 연구의 신뢰는 시대의 흐름에 따라 그 존재형식이 진화하는 개념이며 국가 간에 문화를 본질적으로 구분하는 개념으로 사용되고 있지 않다.

되고 있지 않으며 따라서 교환의 등가성을 따지지 않는다는 점이 관계적 교환이 시장교환과 다른 점이다.

시장교환과 관계적 교환은 배반적 현상이라기보다, 구성적 통합체로써 보완적 관계를 형성하여 통합적 경제질서를 만들어 간다(이성섭 2010). 이 통합적 경제질서는 시장의 교환활동 뿐만 아니라, 도덕규범, 법, 행정, 그리고 각종 사회현상을 본질적 여건구성요소로 하여 만들어진다(North, Wallis, Weingast 2009).

## III. 관계적교환의 법제도 양식

### (1) 관계적 교환활동의 질서

제도의 불완전성은 사업가의 사업심(entrepreneurship)이 활동할 수 있는 여지를 열어놓게 된다(이성섭 2009). 사업가가 혁신적 비즈니스 모델을 도입해서 불완전한 제도를 돌파할 수 있는 거래국면을 만들어 갈 수 있게 된다(Chandler 1992). 그 결과 어떤 제도가 특정 상황국면(conjuncture)에서 (사업가의) 더 활발한 거래활동, 또는 교환활동(exchange)을 유발하는가 하는 것을 가지고 제도를 비교하는 것이 가능하다. 이 접근방법은, 제도가 경제발전에 분명한 역할을 한다고 하는 가설(North 1990; Acemoglu, Johnson, Robinson 2004)과 비교할 때, 교환활동이라는 새로운 개념을 접합시킴으로써, 교환활동을 통하여 제도와 경제발전을 연결하는 차이를 가진다. 그만큼 제도와 경제발전 간의 연결이 구체성을 갖게 된다.

이때 관계적 교환(relational exchange)의 개념이 불완전한 제도 여건에서 교환활동의 작용을 설명하는 도구로써 유용하다(이성섭 2010). 시장교환은 재산권이 확립된 범위에서 재산권이 확립된 만큼 이루어진다(Demsetz 1967). 따라서 재산권을 확립하는 제도의 변화는 그만큼 관계적 교환을 시장교환으로 전환시킬 수 있게 된다.

예컨대 어떤 헌재판결이 재산권 확립을 보다 분명히 하는 내용이면 이 판결로 인하여 재산권 관계가 그만큼 분명해지고, 관계적 교환을 거쳐야 시장의 가치교환이 가능했던 대상이 관계적 교환을 덜 거치든지, 또는 관계적 교환 없이 가치교환이 가능해진다. 그만큼 교환활동은 효율적으로 이루어지게 되고, 활발해지게 된다. 즉 헌재의 판결은 교환을 활발하게 하는 제도변화를 이룬다고 할 수 있다.

재산권이 확립되지 못한 영역에서 교환은 광의의 신뢰(trust)를 매개로 하여 이루어진다. 신뢰의 내용에는 가족애, 친우애(friendship, fraternity), 동료의식(colleagueship), 단결의식(solidarity) 등, 신뢰의 서로 다른 표상들이 모두 포함된다. 제도의 변화가 신뢰관계를 분명히 하는 변화를 준다면 그것은 그만큼 관계적 교환을 활발하게 하는 효과를 준다. 예컨대, 헌재판결이 신뢰보호의 원칙을 확립하는 것이라면 그러한 제도변화는 관계적 교환을 활성화하는 효과를 준다.

재산권제도를 확립하는 제도의 변화는 관계적 교환을 가치교환으로 전환함으로써 교환을 활성화 하지만, 신뢰관계를 확립하는 제도변화는 관계적 교환을 효율적으로 이루어지게 하여 교환을 활성화 한다.

제도의 불완전성, 관계적 교환을 설정하게 되면, 시장의 가치교환만 존재하는 주류경제학의 이론 체계에서와 달리 신뢰 등 관계적 교환활동을 분류할 수 있는 도덕적 제도형식 그리고 여기에 기반을 둔 법적 제도형식의 존재가 교환활동의 분석적 구도에 등장 할 수 있게 된다.

이 교환의 법제도 양식은 제도의 진화적 변화 과정에 따른다. 즉 이 법제도 양식은 인류의 경제 및 사회발전과정에서 나타난 것이다. 그 법제도 양식의 개념설정, 분류구분에서 다양성은 있을 수 있지만, 그 존재여부에는 의문이 없다.

교환의 법제도 양식을 어떻게 설정할 것인가?

본 연구에서는 아래의 법제도 양식을 채택하여 헌법판결의 교환활동 친화성 여부를 판별하고자 한다. 이 목적을 위해서는 교환활동 질서의 실체를 파악할 필요가 있다. 하이에크는 이것을 자생적 질서(spontaneous order)라고 파악했다. 그러나 실상 자생적 질서는 추상적 개념이며 구체적 실체성을 표현해주고 있지 못하다.

교환행위의 구체적 실체성을 구현해주는 제도분석양식을 파악하기 위해서는 교환 질서의 형식을 파악해야 한다. 본 연구에서는 이것을 관계적 교환(relational exchange)이라고 파악한다. 시장교환(market exchange)은 관계적 교환의 특수형태에 불과하다.

- **특징 1 (시장교환은 재산권이 확립된 재화에 대한 관계적 교환)**: 관계적 교환을 교환의 기본 개념으로 파악하는 경우 시장의 가치교환은 재산권이 확립된 재화에 대한 관계적 교환이 된다.

즉, 교환질서를 모두 관계적 교환의 개념으로 파악한다는 의미이다. 관계적 교환에서는 교환거래행위를 수행하기 위해서 신뢰를 유지하는 등 비용을 지불해야 한다. 재산권이 완전히 정의될 수 있다면 관계적 교환은 가치교환이 되며 신뢰유지 등의 비용이 필요없게 된다. 여기서 재산권은 재산권 및 계약을 모두 포함하는 광범위한 개념이다.

- **명제 1 (관계적 교환 활동)**: 관계적 교환이 가정되면, 모든 교환활동은 관계적 교환의 활동으로 파악할 수 있게 된다. 시장의 가치교환활동은 재산권이 확보된 재화에 대한 관계적 교환 활동이라고 볼 수 있다.

**증명 ▸▸▸**

관계적 교환활동은 신뢰(trust)를 매개로 하여 이루어지는 교환활동을 말한다. 시장의 가치교환은 본질적으로 관계적 교환과 다르지 않다. 가치교환을 하는 점에 차이가 있을 뿐이다. 가치교환이 이루어지니 이것은 완전한 신뢰상태를 의미한다. 즉 가치는 신뢰와 다른 개념이 아니다. 가치가 정해진다는 것은 완전한 신뢰상태가 확보되었다는 것을 의미한다. 물론 가치교환이 이루어지기 위해서는 재산권 설정이 전제되어야 한다. 가치교환은 재산권이 설정된 재화에 대해서만 가능하다.

가치교환이 이루어지는 과정도 비용(거래비용)을 수반한다. 수요와 공급이 만나서 가치를 평가하고 교환가치를 결정하는 과정에서 발생하는 비용이 그것이다. 이 비용은 시장제도의 설치 및 시장제도의 운영비용을 말한다. 시장제도의 설치비용을 매몰비용(sunk cost)로 간주하여 논외로 한다면, 재산권이 확보된 재화의 교환에 대한 시장제도의 운용비용은 그 자체로 크지 않으며, 안정적이고, 신뢰를 매개로 하는 관계적 교환의 과정을 본질적으로 부인할 만한 변동성 요소는 아니다. 즉 모든 교환활동은 관계적 교환활동으로 간주하여 설명할 수 있다.

- **특징 2 (관계적 교환의 질서-하이에크 자생적 질서)**: 관계적 교환의 질서란 관계적 교환 활동으로 이루어지는 사회질서를 의미한다. 관계적 교환은 인간활동의 기본적 행태를 의미하기 때문에, 관계적 교환의 질서가 가지는 의

미는 인간사회에 관계적 교환활동으로 이루어지는 사회적 질서가 성립된다는 것을 말한다. 관계적 교환의 사회적 질서가 정의되기 위해서는 개인의 행동에 의해서 만들어지는 것이 아닌 사회적 규범으로 받아들인다는 의미의 제3자적(third party) 규범이 존재해야 한다. 예컨대, 도덕규범이 한 예이다. 제3자적 규범이 없으면 그것은 단지 원시정글생활의 질서(또는 무질서)를 의미한다.

[명제 1]에 의해서 관계적 교환이 인간행동의 기본적 행태라는 점이 확인되었다. 시장의 교환질서와 사회일반의 생활질서는 서로 다른 것이 아니고 같은 것이며 그것은 통합적으로 관계적 교환의 질서로 파악될 수 있다.

그러나 이런 인간행동의 기본행태가 원시사회의 무질서에서 벗어나기 위해서는 제3자적 규범이 도입되어야 한다. 여기서 제3자(third party)에 의한 규범이라는 개념에는 관계적 교환에 참가하는 주체 간에 형성되어 전수된 관습, 도덕, 규약 등도 포함된다. 물론 정부적 차원의 규제도 포함된다.

제3자(third party)에 의한 규제는, 나중에 교환의 법제도적 양식을 논의하는 절에서 구체화되지만, 개인간의 교류적 활동 중에 자연적으로 생성된 도덕규범(관습, 도덕, 자발적 규약 등을 일괄하여 통칭), 재산권을 정의하는 내용의 제도, 그리고 효율적 사회질서 수립을 위한 건전성 규제 등의 내용으로 구성된다.

재산권제도를 구분함으로써 시장의 가치교환이 성립하게 된다. 대체로 관계적 교환 질서의 법제도 양식은, 자생적 질서로서의 관계적 교환의 질서를 지탱하는 (신뢰를 기본으로 하는) 도덕규범, 시장의 가치교환을 가능하게 하는 재산권제도, 그리고 정부규제를 포함하여 사회질서를 지탱하는 건전성 규제의 3개 요소로 구성된다.

● **명제 2 (교환의 법제도적 양식-홉스적 법제도 양식)**: 관계적 교환의 질서 하에서, 신뢰(관계적 교환의 매개변수), 재산권(시장교환의 전제), 그리고 규제기준(torts and regulations: 공적 규제기준)의 3개 구성요소는 교환의 법제도 양식을 구성하는 충분조건이 된다.

**증명** ▶▶▶

불완전 제도를 기본가정으로 할 때, 신뢰를 기반으로 하는 관계적 교환활동이 인간사회의 자연질서적(또는 자연무질서적) 토대를 마련한다는 것이 [특징 2]의 내용이다. 이것을 하이에크는 자생적 질서라고 하였다(Hayek 1982). 이것은 또한 '만인대 만인간의 투쟁'(war of all against all)을 의미하는 자연상태(state of nature)이기도 하다(Hobbes 1651). 홉스의 레바이어던(Leviathan)이 사회계약을 통해 사회질서를 부여하는 존재이며, 레바이어던의 근대사회적 개념이 위에 언급된 3개 구성요소라고 할 수 있다. 신뢰를 기반으로 하는 관계적 교환의 기본적 법제도양식을 도입함으로써 근대 법치사회생활에 질서적 토대를 마련할 수 있는 것이다. 물론 3개 구성요소는 이러한 근대 법치사회생활에 질서적 토대를 만드는 유일한 개념분류라고는 할 수 없으며, 다른 방식으로 또는 다른 구성요소를 개념분류로 할 수도 있다는 의미에서 이것은 충분조건이 된다.

하이에크는 시장교환을 분석함에 있어서 제도를 이론분석의 본질적 구성요소로 설정하고 있다(Hayek 1982). 본 연구에서는 관계적 교환의 개념을 도입함으로써 교환의 개념을 시장의 가치교환에서 개인의 비시장적 일반행동에까지 확장하고 제도의 불완전성에 착안하여 자생적 질서의 개념을 제도적 차원에서 구체화하였다.

그 결과 시장교환활동 뿐만 아니라, 인간의 일반행동을 모두 포괄하는 관계적 교환의 기본적 법제도 양식을 분석할 수 있는 이론 구도를 설정하는 근거를 마련하였다.

- **특징 3 (경제분석의 구성양식으로 법, 행정, 사회현상의 영역)**: 제도의 불완전성, 특히 재산권 제도의 불완전성으로 인하여, 교환에 대한 경제분석에서 시장의 가치교환 이외에 법, 행정, 사회 현상으로 설명될 수 있는 영역이 설정된다.

[특징 3]은, 사법적 현상, 행정학적 현상, 사회적 현상이 경제분석의 외적 분석구도로 설정되는 것이 아니라, 도덕규범, 법, 행정, 그리고 각종 사회현상이 (관계적) 교환활동에 대한 이론분석의 본질적 구성요소로 등장하는 과정을 묘사하고 있다.[7] 교환이 신뢰에 기반을 둔 관계적교환의 영역으로 본질적 내용의 확장이 이루어짐으로써 종전에는 비본질적 여건적 요소로 취급되던 도덕규범, 법, 행정, 그리고 각종 사회현상이 이론분석의 본질적 구성요소로 등장하게 되었다.[8]

### (2) 관계적 교환 질서의 법제도 양식

[특징 3]의 논리적 근거에서 관계적 교환 질서의 법제도 양식이 분류된다. 본 연구에서는 관계적 교환 질서 법제도의 존재양식(modus vivendi)과 운용양식(modus operandi)이 구분되어 법제도양식이 분석된다. 이 분류방식은 헌재의 판결(1988-2003)이 교환활동에 친화적인지를 분별하기 위해서 고안되었다. 즉, 관계적 교환활동의 법제도 양식을 파악하기 위한 접근방법은 본 연구에서 소개된 방식이 유일한 표준방식이어야 할 이유는 없다.

개별 법제도가 교환활동에 친화적인지 여부를 판별하려 할 때, 분석적으로 이 문제에 접근할 수 있는 방법은 소개된 바가 없었다. 이것은 경제학과

7) 보다 상세한 이론구도의 설명은 이성섭(2010), Rhee(2010)에서 볼 수 있다.
8) 이것은 경제이론분석의 전환적 변화를 의미한다.

법학 또는 다른 사회과학 간의 교차적 관심사이기 때문으로 보인다. 즉 법제도가 교환활동에 친화적인지의 문제는 경제학자의 관심사라고 볼 수 있는데, 분석적 사고는 법제도 분야를 걸치고 있다. 학문의 분화과정에서 이 부분의 연구가 사각지대에 놓이게 된 것이다.

이 연구의 기여는 관계적 교환의 개념을 도입함으로써 이 문제에 접근할 수 있는 이론적 단초를 마련하였다는 데 있다.

### (가) 관계적 교환 질서의 법제도 존재양식(modus vivendi)

본 연구에서 교환의 법제도 존재양식, 즉 관계적 교환 질서의 법제도 존재양식은 신뢰, 재산권, 공공규제기준의 3요소로 구성된다. 이것이 불완전한 제도-관계적 교환의 이론분석 구도에서 설정된 법제도 양식의 분석적 구성이다.

첫째, 관계적 교환 질서의 기반은 신뢰(trust)로 이루어진다. 아직 재산권이 도입되지 못하고 시장교환이 등장하지 못한 사회에도 개인 또는 가족 친족 간의 신뢰에 의존하는 관계적 교환에 의한 사회질서는 존재하게 마련이다. 뿐만 아니라 시장경제가 극도로 발전된 현대의 전문화 사회에도 사회질서의 기반은 신뢰에 기초하고 있다. 예컨대 금융제도에 신뢰가 사라진다면, 금융활동은 더 이상 존속될 수 없는 것이다. 신뢰는 관계적 교환 질서에서 재산권제도 보다 더 근원적 요소가 된다.

본 연구에서는 신뢰를 도덕률(morality codes)과 개인간 관계(personal relationship)로 구분하였다. 물론 이것이 유일한 구분법은 아니며 다른 형태의 구분양식이 고려될 수 있다.

도덕률은 신뢰를 기반으로 한 관계적 교환 질서의 특수한 제도형식이다. 다만, 문화와 역사의 흐름 속에서 진화되어 형성되었다는 특징을 가진다. 하이에크는 이렇게 역사적 진화를 거쳐서 형성된 제도형식 및 이를 기반으로 형성된 사회질서를 확장된 질서(extended order)라고 불렀다(Hayek 1991).

개인간 관계에는 각종의 특수한 개인관계가 포함된다. 친족사랑을 기초로 한 가족(family)의 개인관계, 우정관계(friendship), 동창관계, 단결심(fraternity, solidarity)에 기반한 결사관계 등이 있다. 이 과정에서 형성되는 관계적 교환의 질서이다.

둘째, 재산권은 관계적 교환의 사회에서 시장의 가치교환이 성립되도록 하기 위해서 설정되어야 하는 필수적 조건이다. 재산권은 소유자에게 소유권을 부여할 뿐만 아니라 사회구성원에게 이 권리를 존중해야 하는 법적 의무를 부과 하고 있다. 이점에서 재산권은 공공의 규제기준과 같이 법적효력과 준수의 법적 구속력을 가진다. 즉, 재산권도 공공규제기준의 일종이다. 재산권이 별개로 분류된 것은 이것이 시장의 가치교환의 기반을 구성하기 때문이다.

재산권의 발전은 자본주의 경제발전과 보조를 맞추어 이루어진다(Demsetz 1967). 재산권이 확보됨으로써 관계적 교환의 질서에서 시장교환 활동이 구분되게 된다. 이로서부터 자본주의 시대가 열리게 된다.

여기서 광의의 재산권은 재산권과 계약을 분리해서 구분한다. 재산권과 계약을 분리해서 구분한 것은 영미 보통법의 통상적 구분을 따른 것이며, 계약(contracts)이 당사자 간의 약속으로 이루어졌다는 특성을 감안하였다

(Scott and Kraus 2002). 물론 계약의 법적 효력도 재산권과 마찬가지로 구속력을 갖게 된다.

셋째, 공공 규제기준(regulatory prudence, torts)은 조직계서(organizational hierarchy)법제도, 불법행위(torts), 기본권(FHRs: fundamental human rights), 기타규제기준(regulatory standards)으로 구분하였다.

공공의 규제기준은 관계적 교환 활동으로 이루어진 사회에 조직질서를 확립하고 사회질서의 안정성을 제공하는 법제도의 틀을 제공한다. 교통규칙, 조세, 회계규정 등 대부분의 공공규칙이 공공의 규제기준을 정하고 있다.

사회가 1인만으로 구성되어 있다면 공공 규제기준(regulatory prudence)은 필요가 없다. 이 점에서 공공 규제기준은 공공선택(public choice) 영역의 문제이다.

이미 언급된 바와 같이 공공 규제기준이 없다면, 관계적 교환의 질서는 원시사회의 질서 또는 무질서가 된다. 이것은 최악의 경우 정글의 무질서가 될 수 있다.

물론 민간에서 자생적으로 만들어지고 역사를 통해서 진화된 도덕률(morality codes)이 있어서 관계적 교환의 질서가 정글의 무질서가 될 수 있는 최악의 가능성을 막아줄 것이라고 주장할 수 있다. 그러나 현실적으로 역사적으로 도덕률은 그 자체만으로 존재하여 기능하는 경우는 없다. 도덕률이 제3자에 의해서 강요된(홉스적 독재자 이거나 록크적 민주정부이거나) 공공 규제기준과 결합되어 도덕률에 기반을 둔 공공 규제기준에 의해서 공동체사회질서가 기능하게 된다.

조직계서(organizational hierarchy)법제도는 사기업 공기업 등 조직 안에서 형성된 관계적 교환 질서 속에서 신뢰관계의 작용을 만들어 가는 계서(hierarchy)의 제도형식을 지칭한다. 민법, 상법, 정관, 내규 및 관습 등에 의해서 규정되는 법제도 형식이다. 물론 가장 밑바닥에는 동료의식(colleagueship)과 같은 특수 형태의 신뢰와 일반적 신뢰가 자리 잡고 있다. 즉 조직계서에서 작동하는 관계적 교환의 질서는 각 조직 특유의 계서 제도형식에 기반을 둔 신뢰활동의 운용으로 이루어진다.

불법행위(torts)와 규제기준(regulatory standards)은 하나의 기준으로 통합하여 법제도형식으로 구분할 수도 있겠지만, 여기서는 둘을 구분하였다. 불법행위는 재산권의 운용과 신뢰를 기반으로 한 질서의 운용을 위해 설정한 법제도 양식을 위반한 경우 주어지는 사법적 징계를 의미한다. 예컨대 재산권 및 계약관련 규정의 위반, 도덕률 위반, 신뢰에 반하는 행위, 조직의 운용에 관한 규정(회사든 임의 조직이든)의 위반, 가족 및 개인 간 신뢰 관계의 법제도 형식의 위반 등이 이 분류에 속한다.

이 연구에서는 불법행위가 재산권과 관련된 경우, 재산권으로 분류하였다. 마찬가지로 도덕률 위반, 신뢰에 반하는 행위, 조직의 운용에 관한 규정의 위반, 가족 및 개인 간 신뢰 관계의 위반의 경우는 각각 신뢰, 조직계서, 개인간 관계로 분류하였다.

그밖의 불법행위, 규제기준 위반 행위에 대해서 기타 불법행위, 기타 규제기준으로 분류하였다. 규제기준은 민간의 문제과 대립되는 공공적 문제의 운용을 위한 규제기준을 정하고 이에 관한 법제도의 위반에 대한 사법적 제재를 다룬다. 예컨대, 환경규제, 교통규제, 납세, 경찰 및 병역의무, 공공 연금, 공공의

료서비스, 금융규제, 회계기준, 안전규제 등의 법제도 기준이 이에 속한다.

기본권은 신체적 안전, 종교, 정치참여, 언론 및 표현, 경제생활, 위생, 의료 등에 관한 개인의 기본권리의 기준을 말한다.

### (나) 관계적 교환 질서의 법제도 운용양식(modus operandi)

비록 법제도 존재양식의 기본골격은 논의되었지만, 이 법제도 존재양식은 가설 설정된 대로 불완전한 상태이다.

불완전한 관계적 교환질서의 법제도 존재양식에서 교환활동은 다양하고 결정되지 않은 제도환경에 노출된 모습이 된다. 이 때 교환활동이 활성화 될 수 있도록 법제도 작용양식을 어떻게 구상할 수 있는가 하는 것이 관계적 교환질서의 법제도 운용양식(modus operandi)의 주제이다. 다시 말하자면, 법제도의 운용양식은 우선 법제도 존재양식의 각 구성요소를 관계적 교환활동이 활성화 되도록 법제도 운용의 구도를 마련하는 것이다.

첫째, 제도로서의 규정과 유효권리 간의 간격 또는 제도로서의 규정과 유효한 사법집행 간의 간격을 메꾸어 주는 제도 또는 사법집행성이다. 이 연구에서 조사하고 있는 헌재의 결정이 이 간격을 메꾸어 주는 기능을 할 경우 이 개념으로 분류된다.

둘째, 헌정화(constitutionality)이다. 헌정화란 법제도 도입의 효과 가 있음을 의미한다. 즉, 헌재의 결정이 또는 헌법판결, 국회입법, 대법원 판례, 각급 법원 판결, 행정부 정책 등이 법제도의 새로운 존재양식의 요소로 도입되는 효과가 있는지를 점검하는 것이다.

제도의 불완전성과 제도발전의 역사적 진화과정을 고려할 때, 바람직한 관계적 교환질서란 끊임없는 법제도 존재양식의 헌정화 과정을 통하여 실현된다고 할 수 있다.

셋째, 관계적 교환질서의 법제도 운용양식의 제3 구성요인은 책임귀속성(accountability)이 된다. 법률관계의 당사자의 책임성이 분명히 되어야 한다는 것이다. 이것은 법제도 존재양식이 갖추어야 할 가장 본원적 원칙이다.

그러나 법제도 존재양식이 불완전성을 전제로 하고 있기 때문에, 법제도의 운용에서 반드시 필요한 원칙으로 권리분쟁의 당사자 간에 합리적 책임귀속성의 기준이 확립되도록 함으로써 법제도의 운용을 보완하는 것이다. 법제도 존재양식의 운용은 재산권제도의 운용에서, 신뢰 질서의 운용에서 그리고 공공의 규제기준 제정과 운용에서 권리분쟁의 당사자 간에 책임귀속성이 확보되도록 되어야 한다.

예컨대 헌재 판결에서 신뢰보호의 원칙은 책임귀속성의 내용이 어떠해야 하는지를 구체적으로 규정하고 있다.

넷째, 관계적 교환질서의 법제도 운용양식의 제4 구성요인은 법제도간의 일관성(consistency)의 확립이다. 신법 우선의 원칙, 특별법 우선의 원칙은 법제도 간의 일관성을 확립하기 위한 법원칙이다. 새로운 법제도의 도입(입법, 새로운 정책규정 도입 등) 또는 새로운 법제도의 운용(사법판단 등)이 법제도 간의 일관성을 유지하는 효력을 가지는지 보는 것이다. 이것은 특히 헌재의 결정에 대한 분석에서 의미있는 판단기준이 된다.

다섯째, 관계적 교환질서의 법제도 운용양식의 제5 구성요인은 자유경쟁성을 보는 것이다. 헌법판결, 국회입법, 대법원 판례, 각급 법원 판결, 행정부 정책 등을 통하여 제도는 진화(evolutionality)하게 된다. 법제도는 그자체로 불완전하며 진화과정을 통하여 계속해서 변화하게 된다.

이 진화과정이 법제도의 자유경쟁성(free competition)을 실현하는지를 보는 것이다.

### (4) 법제도의 교환활동 친화성 여부 판단

관계적 교환질서의 법제도의 두 양식, 즉 존재양식(modus vivendi)와 운용양식(modus operandi)은 [표1]과 같이 두 양식이 교차되는 법제도 운영의 메트릭스형 제도적 형식을 만들어 낸다. 이것은 법학에서 차용하여 법경제학에서 흔히 사용하는 재산권, 계약, 불법행위의 분류에서 탈피하여 경제학 방법론에 기반을 둔 교환활동의 법제도적 형식이라는 의미가 있다.

지금까지 경제학은 스스로의 방법론으로 교환활동의 제도적 형식을 정의할 이론적 기반을 가지고 있지 못했다. 따라서 어느 제도가 교환활동에 친화적인지 마찰적인지 하는 논의의 중요성을 인지하면서도(Hayek 1982), 개별 법제도의 교환활동에 친화성 여부를 판단할 마땅한 개념범주를 설정하지 못했었다. 예컨대, 하이에크는 자생적 질서인지 아닌지 라는 개념설정을 추상적으로 제시하는 데 그쳤고, 아체모글루(Acemoglu 2004)는 개별 제도의 교환활동 친화성 여부를 판단하는 것이 아니라, 1950-98년 간의 남북한의 체제 우월성을 비교하는 것에 만족해야 했다. 이를 위해서 1950-98년의 48년간 두 지역의 1인당 소득을 비교했다.

물론 주류경제학은 공리주의의 사회후생이라는 척도를 이용하여 제도의 우열에 대한 비교를 시도한다. 엄밀한 의미에서 거래비용 접근방법도 이 범주의 접근방법이라고 할 수 있다. 제도를 비교함에 있어서 가장 자주 인용되는 거래비용 접근방법은 개념의 불명확성이라는 본질적 문제를 안고 있다(Rhee 2010).

본 연구는 제도의 불완전성에 주목함으로써 그리고 관계적 교환 개념을 도입함으로써, 교환활동의 제도적 형식을 구분하는 개념범주를 설정하여, 개별적 법제도가 교환활동에 친화적인지를 판단할 이론적 틀을 마련할 수 있게 되었다.

**[표 1: 관계적교환 질서의 법제도 양식]**

| | 집행성 | 헌정성 | 자기책임성 | 일관성 | 자유경쟁성 |
|---|---|---|---|---|---|
| 신뢰 | 신뢰를 법원형식으로 확인 | 신뢰를 법원으로 확인하는 새로운 분야 확인 | 신뢰관계의 자기책임성 원칙을 법적판단의 형식으로 확인 | 신뢰관계에 제도적 일관성원칙을 법적판단의 형식으로 확인 | 경쟁과 자유의 원리를 신뢰문제에 적용 법적판단의 형식으로 확인 |
| 도덕율 | 도덕율을 법원형식으로 확인 | 도덕율을 법원으로 하는 새로운 영역 확인 | 도덕율에서 자기책임성 원칙을 법원으로 확인 | 도덕율에서 제도적 일관성 원칙을 법적판단의 형식으로 확인 | 경쟁과 자유의 원리를 도덕율문제에 적용 법원으로 확인 |
| 개인간 관계 | 개인간 관계를 유지하는 관행적 행위를 법적판단의 형식으로 확인 | 개인적 관계를 법적판단의 형식으로 확인해주는 새로운 분야 확인 | 개인적 관계의 자기책임성 원칙을 법적판단의 형식으로 확인 | 개인적 관계의 제도적 일관성을 법적판단의 형식으로 확인 | 개인적 관계의 자유경쟁성을 법적판단의 형식으로 확인 |
| 조직계서 | 조직계서의 유지 운용을 법적판단의 형식으로 확인 | 조직계서의 유지 운용을 법적판단의 형식으로 확인하는 새로운 분야 확인 | 조직계서 유지 운용의 자기책임성 원칙을 법적판단의 형식으로 확인 | 조직계서 유지 운용의 제도적 일관성 원칙을 법적판단의 형식으로 확인 | 조직계서 유지 운용에서 자유경쟁성 원칙을 법적판단의 형식으로 확인 |

| | 집행성 | 헌정성 | 자기책임성 | 일관성 | 자유경쟁성 |
|---|---|---|---|---|---|
| 재산권 | 제도로써의 재산권과 유효한 소유 간의 간격을 사법집행으로 메움 | 재산권을 설정하는 새로운 분야, 범주, 사례의 확인 | 재산권 행사의 법적판단의 형식으로 자기책임성 원칙 확인 | 재산권 행사에서 제도적 일관성을 법적판단의 형식으로 확인 | 재산권 설정에서 자유경쟁성 원칙을 법적판단의 형식으로 확인 |
| 계약 | 계약제도와 유효한 계약효력간의 간격을 메움 | 계약을 법적판단 형식으로 확인하는 새로운 분야, 범주, 사례의 확인 | 법적판단 형식으로서 계약행위에서 자기책임성 원칙 구현 | 계약 간의 법적 제도적 일관성 구현 | 계약 행위에서 자유경쟁성 원칙을 법적판단의 형식으로 확인 |
| 기본권 | 제도로써의 기본권과 유효한 기본권리 간의 간격을 사법집행으로 메움 | 기본권을 법원으로 확인하는 새로운 분야, 범주, 사례의 확인 | 법적판단 형식으로서 기본권의 법적 집행행위에서 자기책임성 원칙 구현 | 기본권 제도 간의 법적 제도적 일관성 구현 | 기본권 사법집행에서 자유경쟁성 원칙을 법적판단의 형식으로 확인 |
| 기타불법행위 | 불법행위 제도 및 기준과 유효한 제도효력간의 간격을 사법집행으로 메움 | 불법행위 제도 및 기준을 법원으로 확인하는 새로운 분야, 범주, 사례의 확인 | 법적판단 형식으로서 불법행위 제도 및 기준의 법적 집행행위에서 자기책임성 원칙 구현 | 불법행위 제도 및 기준 간의 법적 제도적 일관성 구현 | 불법행위 제도 및 기준의 사법집행에서 자유경쟁성 원칙을 법적판단의 형식으로 확인 |
| 기타규제기준 | (기타)규제기준과 유효한 기준효력간의 간격을 사법집행으로 메움 | (기타)규제기준을 법원으로 확인하는 새로운 분야, 범주, 사례의 확인 | 법적판단 형식으로서 (기타)규제기준의 법적 집행행위에서 자기책임성 원칙 구현 | (기타)규제기준 간의 법적 제도적 일관성 구현 | (기타)규제기준의 사법집행에서 자유경쟁성 원칙을 법적판단의 형식으로 확인 |

[표1]에서 제시된 법제도 양식의 개념범주는 존재양식과 운용양식의 분류를 2차원적으로 교차함으로써 만들어졌다. 개별적 특수 제도의 사례는 [표1]

메트릭스의 어느 하나 또는 몇 개의 셀에 속하게 된다. 예컨대, 법원의 판결(헌재의 결정을 포함), 의회의 입법, 행정부의 정책은 개별적 사례별로 각각 위 메트릭스의 구분에 따른 분류가 될 수 있다.

[표1]은 법제도 존재양식과 운용양식을 2차원적으로 교차함으로써 만들어진 개념범주의 내용을 소개하고 있다.

우선 개별 제도도입의 사례가 이 개념범주에 따라 분류되어 어느 개념범주에 속하게 되는지가 판단된다. 이렇게 소속이 결정된 개별 제도도입의 사례가 소속 개념범주의 개념에서 전향적 변화인지, 퇴보적 변화인지를 구분하게 된다. 물론 여기서 전향적 변화인지, 퇴보적 변화인지 하는 구분은 현재로서는 정성적 판단에 의존하게 된다.

예컨대, 신뢰의 집행성에 속한 사례는 그 사례가 신뢰를 법원형식으로 확인하는 데 전향적 변화를 주는지 아니면 퇴보적 변화를 초래하는지를 판단하게 된다. 다른 하나의 사례를 본다면, 도덕률의 자기책임성의 개념범주의 경우, 개별 제도도입의 사례가 도덕률에서 자기책임성 원칙을 법원으로 확인하도록 하는데 전향적 변화를 주는지 아니면 퇴보적 변화를 초래하는지를 판단하게 된다.

이러한 구분방법은 제도변화의 경로의존성(path dependence)의 개념과 논리적으로 일관된다. 만약 모든 제도에 대하여 정확한 거래비용이 산출될 수 있다면, 제도변화의 경로의존성은 나타날 수 없다.

개별 제도도입의 사례가 이 개념범주에 따라 전향적 변화로 판단될 때, 이 제도의 도입은 법제도의 교환활동 친화성을 증진시켰다고 판단한다. 예컨대 어느 특정 연도의 의회의 입법이, 일정기간 중 행정부의 정책이, 법원의 판결이 교환활동 친화적 경향을 보이는지를 [표1]에 기록된 각각의 제도변화의 전향성 또는 퇴보성 추세를 통하여 판단한다. 예컨대, 일정 기간 중 의회의 입법, 행정부의 정책, 그리고 헌재의 결정을 비교해서 어느 부의 결정이 보다 교환활동 친화적이었는지를 정성적으로 비교하는 것이 가능하다.

## Ⅳ. 헌재결정(1988-2003)의 교환활동 친화성 판단

본 연구는 1988년부터 2003년까지 처리된 헌재의 결정 중에서 판례의 입수가 가능하였던 123건을 대상으로 이루어졌다. 이 중에서 본안심사가 이루어진 사건에 대하여, 교환거래와 무관한 정부기구간의 권한쟁송을 제외하고, 다시 교환거래와 관련이 있는 사례를 선정하여, 29건의 판례를 취하여 분석의 대상으로 하였다.[9)]

29건의 헌재결정을 [표1]의 법제도 양식에 따라 분류하여 판별한 내용이 [표2]에 제시되었다.

[표2]의 29개 사건에 대한 법제도양식 개념범주 분류를 보면, 재산권, 기본권, 기타규제기준의 개념범주에 보다 많은 사건이 분류되어 있음을 볼 수 있다. 신뢰, 도덕률, 개인간 관계, 조직계서, 기타불법행위에도 사건이 분류되어 있지만, 소수에 불과하다.

그 이유는 이 사례가 헌재의 재판이기 때문으로 보인다. 일반재판의 하급심이었다면, 신뢰, 도덕률, 개인간 관계, 조직계서 및 기타불법행위와 관련된 보다 많은 분쟁사건이 있지 않을가 추측된다.

---

9) 분석에 사용된 29건의 판례의 리스트는 [부표1]에 제시되었다.

[표 2: 헌재결정(1988-2003) 사건의 법제도 양식 개념범주 분류와 교환활동 친화성 판단]

| | 집행성 | 헌정성 | 자기책임성 | 일관성 | 자유경쟁성 |
|---|---|---|---|---|---|
| 신뢰 | 24 | | | | |
| 도덕율 | 15 | | | | |
| 개인간 관계 | 16 | | | | |
| 조직계서 | 29 | | | | |
| 재산권 | 7,9,23 | 17 | 8,(19),(20) | 12 | 18 |
| 계약 | | | 26 | | 21 |
| 기본권 | 11,14,22 | 1,5,6 | 10 | | |
| 기타불법행위 | | | | 13 | |
| 기타규제기준 | | 2,3,4 | | 25 | (27),28 |

주: 1) 표에 표시된 개별사례의 번호는 [부표1]에 만들어진 사건분류의 일련번호.
2) 사건번호에 괄호가 붙은 번호는 셀의 개념범주에서 퇴보적 변화를 주는 판결로 분류된 사건임. 괄호가 없는 사건은 전향적 변화로 분류된 판결.

[표2]의 분류결과에 의하면 오직 3사건(19, 20, 27)의 경우만, 교환활동에 퇴보적 제도변화를 주는 헌재결정이 있었고, 나머지 26건의 경우는 셀의 개념범주에서 교환활동에 전향적인 헌재결정이 있었음을 나타내고 있다.

퇴보적 제도변화를 주는 결정이라고 분류된 3사건의 경우도 실상 헌재의 결정이 그 자체로 교환활동에 부정적 영향을 준 것은 아니다. 행정규정, 행정명령으로, 또는 입법으로 이미 교환활동에 부정적 영향을 주는 법제도가 존재하고 있고 헌재결정은 이를 지지한 것에 불과하다. 교환활동이 헌재결정으로 더 억압되는 것은 아니라는 것이다.

이렇게 보면 사법판단은 교환활동에 조금이라도 긍정적 영향을 주면 주었지 부정적 영향을 주지 않는 것이다.[10] 법의 지배는 교환활동에 친화적일 수밖에 없다.

일견 당연한 듯한 이 결과가 매우 충격적 발견인양 받아들여지는 이유가 무엇일까? 그 이유는 경제학의 분석적 접근방법의 제한성 때문에 이러한 중요한 문제가 연구대상이 되기 어려웠기 때문이었던 것으로 보인다. 경제학 분석구도에 제도적 차원이 결핍되어 있어서 제도문제를 분석의 주제로 다룰 수 없었다.[11]

관계적 교환의 개념은 경제학 분석구도에 제도적 차원의 새로운 축을 추가하는 시도이다. 관계적 교환의 개념을 도입함으로써, 시장의 가치교환 뿐만 아니라, 신뢰를 기반으로 하는 관계적 교환활동을 모두 경제분석의 대상으로 포괄 할 수 있게 되었고, 사법부의 판결, 입법부의 입법, 행정부의 행정규정 및 명령 등 모든 대상의 교환활동 친화성에 관한 이론분석의 추론을 어느 정도 추구할 수 있게 되었다.

---

10) 사건의 판결이 셀의 개념범주에서 전향적으로 분류된 경우 1의 값을 주고 퇴보적으로 분류된 사건의 경우 0의 값을 주어서 헌재결정이 평균적으로 교환활동에 긍정적(전향적) 법제도 변화를 만들었는가를 29개 사건의 표본에 의한 t 검정을 하였다. 결과는 99%의 유의성으로 교환활동에 긍정적이라는 결과가 나왔다. 여기서 헌재결정이 퇴보적 이라고 분류된 사건에 0의 값을 준 이유는 헌재의 결정으로 교환활동에 부정적 변화가 오는 것이 아니기 때문이다. 이미 정부규정 또는 입법에 의해서 교환활동에 부정적 제도변화가 법제화 되어 있는 상태에서 헌재의 결정이 퇴보적 결정인 경우라 해도 추가적인 부정적 제도변화를 만드는 것이 아니다.

11) 신제도학파경제학(new institutional economics)은 분석구도에 제도의 차원을 추가하지 못하고 있다. 다만, 신고전학파적 이론구도에서 제도를 해석하는데 그치고 있다. 거래비용의 접근방법이 대표적 예이다(이성섭 2010; Rhee 2010).

## V. 요약과 결론

법의 지배, 즉 법치(rule of law)는 교환활동 친화적인가? 신고전학파 이론체계는 이 중요한 질문에 답을 할 수 있는 이론기반을 가지고 있지 못하다. 그 이유는 신고전학파 이론체계에 제도개념이 이론적 축으로 존재하지 않기 때문이다. 거래비용의 개념으로 접근하는 신제도주의 경제학의 접근방법도 예외가 아니다. 자신의 이론구도에서 제도의 개념을 묘사하는데 그치고 있지 이론구도의 주체적 존재로서의 제도를 설정하지 못하고 있다.

본 연구에서는 제도의 불완전성에 주목하고 있다. 관계적 교환의 개념은 경제분석의 대상을 시장의 가치교환에서 관계적 교환의 영역에까지 확대시키고 있다. 시장의 가치교환을 관계적 교환의 특수한 경우, 즉 재산권 확보가 완전한 경우로 파악함으로써 개인 일상의 모든 행동이 관계적 교환 활동으로 파악하는 것을 가능하게 하였다.

즉, 관계적 교환 개념을 도입함으로써, 교환활동에 대한 경제분석을 개인행동의 전분야로 확장시킬 수 있게 되었고, 동시에 경제학의 이론분석구도에 제도의 축을 설정할 수 있게 되었다.

이론분석구도에 제도의 축을 확보하였다는 것은 관계적 교환질서라고 하는 사회적 질서의 개념을 설정하는 것이 가능하게 되었다는 것을 의미한다. 예컨대, 홉스적 사회계약이라는 개념을 통한 사회적 질서의 안정성을 확보하는 제3자적 역할(예컨대 정부역할)의 설정이 가능해진 것이다.

이러한 이론설정의 기반 위에서 도덕규범, 법, 행정, 그리고 각종사회규범 등 사회의 안정적 운영을 지탱하게 하는 제도현상을 관계적 교환 이론구도에서 파악하는 것이 가능해졌다. 관계적 교환의 이론구도에서 도덕규범, 법, 행정 등을 파악한다는 것은 이들 법제도가 관계적 교환을 활성화하는 내용인가를 분별할 수 있는 이론기반이 확보되었다는 것을 의미한다.

이러한 이론구도의 기반에서 본 연구의 대상인 헌재판례(1988-2003)의 교환활동 친화성 여부를 판단하기 위한 분석구도가 마련되었다.

법제도의 존재양식(modus vivendi)과 법제도의 운용양식(modus operandi)의 2차원 개념을 도입하여 교차시킴으로써 관계적 교환질서의 법제도 양식의 개념범주 설정을 시도하였다.

법제도 존재양식에는 신뢰, 재산권, 규제기준 등 9개 개념이 구분되었고, 법제도 운용양식에는 집행성, 자기책임성 등 5개 개념이 구분되었다. 이 두 양식의 메트릭스 교차는 45개의 법제도 양식의 개념범주 설정을 가능하게 하였다.

개별 헌재결정은 이 45개 개념범주의 어느 하나에 분류되었고, 그 개념범주의 기준에 의한 교환활동 전향성 또는 퇴보성이 판단되었다.

29개 헌재결정(1988-2003)의 중에서 오직 3사건의 경우만 퇴보적이고 나머지 26개 사건은 전향적 법제도의 변화를 준 것으로 판단되었다. 이것은 헌법재판이 교환활동에 친화적이라는 것을 말해준다. 실상 퇴보적 결정이라고 분류된 3사건의 경우도 헌재결정으로 교환활동이 더 위축되게 된 것은 아니고 이미 작동 중인 교환활동에 부정적 법제도를 교정하지 못했다는 것을 의미할 뿐이다.

결국 '법의 지배는 교환활동에 친화적일 수 밖에 없다' 는 결론을 확인하게 된다. 일견 자명해보이는 이 명제가 새로운 발견인 듯 느껴지는 것은 종전의 신고전학파의 이론분석구도가 제도적 개념축을 결여하고 있으므로 해서 이런 중요한 문제가 분석의 대상으로 제기되지 못했었기 때문이다.

## 참고문헌


이성섭 (2010), '시장교환, 관계적 교환, 시장기능의 제도적 형식,' 2010 한국경제학회 공동학술대회 한국제도 · 경제학회 세션에서 발표, 2010.2.9.

_____ (2009), '제도와 사업심(entrepreneurship) 경제학,' 『제도와 경제』제3권 2호, 37-60.

_____ (2011), '(가제)법의 지배는 교환활동 친화적인가?' 2011 한국경제학회 주최 공동학술대회(2011.2.10-11) 한국제도 · 경제학회 분과에서 발표할 예정.

Rhee, Sung Sup (2004), "Judicial Review and Market Institutions: Case of Korea," presented at Annual Meeting of Southern Economic Association at Baltimore in March 2004 and also presented at Brown Bag Seminar at Buchanan House, George Mason University, in April 2004.

_____________ (2010), "Market Exchange, Relational Exchange, and Evolution of Market Institution," presented at 2010 KIEA International Conference on Institutions and National Competitiveness II, convened in August 10-11, 2010 in Seoul, Korea.

Acemoglu, Daron, Simon Johnson, James Robinson (2004), "Institutions as the Fundamental Cause of Long-Run Growth," in *Handbook of Economic Growth*, edited by Philippe Aghion and Steve Dulauf, North Holland, 2005.

Chandler, D. Alfred (1992), "Organizational Capabilities and the Economic History of the Industrial Enterprise," *Journal of Economic Perspective*, Vol. 6, No. 3, 79-100.

Demsetz, Harold (1967), "Toward a Theory of Property Rights," *American Economic Review*, LVII (2), 347-59.

Dworkin, Ronald (1986), *Law's Empire*, Harvard University Press.

Eggertsson, Thrainn (2005), *Imperfect Institutions: Possibilities and Limits of Reform*, University of Michigan Press.

Fukuyama, Francis (1995), *Trust: The Social Virtues and the Creation of Prosperity*, Free Press.

Hart, O.D. (1987), "Incomplete Contracts," In J. Eatwell, M. Milgate, and P. Newman, eds., *The New Palgrave: A Dictionary of Economics*, 2: 752–59, London: Macmillan.

Hayek, F. A. (1991), *The Fatal Conceit: The Errors of Socialism*, edited by W.W. Bartley III, The University of Chicago Presss.

________ (1982), *Law, Legislation and Liberty*, Routledge & Kegan Paul.

Thomas Hobbes (1651), *Leviathan*, reprinted in Penguin Classics in 1985.

Douglass C. North (1990), *Institutions, Institutional Change and Economic Performance*, Cambridge University press.

Douglass C. North, John J. Wallis, Barry R. Weingast (2009), *Violence and Social Orders: A Conceptual Framework for Interpreting Recorded Human History*, Cambridge University Press.

Robert E. Scott and Jody S. Kraus (2002), *Contract Law and Theory*, Revised Third Edition, LexisNexis.

Oliver E. Williamson (1985), *The Economic Institutions of Capitalism*, The Free Press.

## [부록]

[표 A1: 헌재 결정(1988-2003)의 교환활동 친화성 조사에 사용된 헌재 사건번호]

D88k005, D88k006, D88k013, D88k097,

D89k103, D89k104, D89k097,

D88m022 D88m022

D2000m025, D2000m091, D2000m092, D2000m121, D2000m159, D2000m278

D2000m546, D2000r001, D2000s471

D2001m132

D89k106, D89k118, D89k113, D89m002, D89m038, D89m031, D89m032 , D89m160, D89m082, D89m089, D89m056,

D89m165, D89m178, D89m204, d89m214,

D90b022, D90k023,

D91b001, D91k004, D91m111,

D92b049

D92K008.hwp, D92k010.hwp, D92k011.hwp, D92k014.hwp, D92k015.hwp, D92m068.hwp, D92m080.hwp, D92m126.hwp, D92m144.hwp, D92m153.hwp

D93B057.hwp, D93k004.hwp, D93k013.hwp, D94b001.hwp, D94b002.hwp, D94b019.hwp, D94b022.hwp, D94b037.hwp, D94b040.hwp, D94m033.hwp

D94m060.hwp, D94m246.hwp, D95b001.hwp D95k005.hwp, D95k006.hwp

D95K014.hwp, D95k016.hwp, D95m154.hwp, D95m221.hwp, D95m224.hwp

D96b014.hwp, D96b033.hwp, D96b095.hwp, D96k002.hwp, D96k005.hwp, D96k018.hwp, D96k020.hwp, D96r002.hwp, D97b026.hwp, D97k012.hwp

D98m214.hwp D98m363.hwp D98m443.hwp, D98r001.hwp, D98s098.hwp, D99k007.hwp, D99K009.hwp, D99k014.hwp, D99k015.hwp, D99K016.hwp

D97m137.hwp, D97m253.hwp, D97m265.hwp, D98b070.hwp, D98b079.hwp, D98k001.hwp, D98k006.hwp, D98k008.hwp, D98k011.hwp, D98k012.hwp

D98k013.hwp, D98k016.hwp, D98m055.hwp, D98m141.hwp, D98m168.hwp, D99k018.hwp, D99m112.hwp, D99m139.hwp, D99m143.hwp, D99m289.hwp

D99m365.hwp, D99M481.hwp, D99m494.hwp, D99m494.hwp, D99m516.hwp, D99r001.hwp

총 116케이스 = 19+11+10+10+10+10+10+10+10+10+6

주): 1) D88은 1988년 사건.
2) k는 가, m은 마, b는 바, s는 사, r는 라(대, 소문자 구분없음)를 지칭.

# 5 개인과 사회집단 간의 연결고리로서의 제도[1)]

## Ⅰ. 코스정리의 세계

농부(farmer)와 목축업자(cattle raiser)간의 이해 갈등관계에 관한 사례는 코스(Coase) 정리를 간단히 그러나 정확하게 묘사하고 있다. 갈등문제는 목축업자의 소들이 풀을 찾아 어슬렁거리다 농부의 옥수수 밭을 망가뜨리기 때문에 발생한다.[2)] 이를 방지하기 위해서는 목축업자가 농장에 목책을 두르던지 아니면 농부가 옥수수 밭에 목책을 두르던지 하는 2개의 선택이 있을 뿐이라고 가정한다. 목축업자가 농장에 목책을 두르려면 연간

1) 제도와 경제』1권 1호, 5-15쪽의 동일한 제목 필자논문에서 전재함.

2) 보다 간단한 설명을 위하여 코스의 1960년 논문의 예를 인용하는 대신, 쿠터(R. Cooter) 와 울렌(T. Ulen)의 *Law and Economics*(2004) p.87의 예를 인용하였다.

75달러의 비용이 발생하고, 농부가 옥수수 밭에 목책을 두르려면 연간 50달러의 비용이 발생한다.

전통적 사고에 의하면 목축업자가 문제를 발생시킨 당사자이니까 이 갈등 문제에 책임(liability)이 있고 따라서 목축업을 그만두든지 아니면 농장에 목책을 두르는 예방조치를 한 뒤 목축업을 계속하든지 해야 한다는 것이다. 피구의 복지계산법(Pigovian welfare)도 이 전통적인 사고에 기반을 두고 있다. 목축업에서 발생하는 사회복지는 사육된 소의 가치에서 소 사육에 들어간 비용을 제하고 또한 목책을 두르는 비용(50달러 또는 75달러)을 다시 제함으로써 계산된다는 것이다.

그러나 코스는 우리의 사고지평을 전혀 새로운 차원으로 넓히고 있다.

목축업자에게 귀책이 있다고 한 방향으로만 생각하지 말고 마치 농부에게 귀책이 있는 양 농부가 스스로 옥수수 밭에 목책을 두르면서 목축업자의 업무를 방해(?)하지 않는 설정구도를 상정해보는 것이다. 전통적 사고에서는 연간 75달러의 목책유지비용 발생이라는 선택밖에 없었지만 코스의 새로운 설정구도로 인하여 연간 75달러 또는 연간 50달러라는 2개의 선택 가능성이 발견된 것이다.

물론 현실적으로는 목축업자가 농부의 옥수수 밭에 목책을 설치하고 연간 유지비용 50달러와 75달러의 차액인 25달러를 2로 나눈 12.5달러를 함께 즉, 62.5달러를 농부에게 지불하는 것을 제의함으로써 두 사람 모두 만족한 해결을 보는 방식으로 문제가 해결될 수 있다. 두 사람 사이의 거래가 순조롭지 못한 상황에 대해서는 나중에 설명하게 된다.

사회복지의 계산도 목책을 두르는 비용을 계산함에 있어서 하나의 선택

(예컨대 75달러)에 국한되는 것이 아니라 2개의 대안을 가지고 최소비용(예컨대 50달러)의 선택을 할 수 있는 유리한 상황을 맞게 된다. 이것이 피구의 복지와 코스의 복지(Coasian welfare)의 차이이다.

누구에게 분쟁책임을 귀속시키느냐 하는 것은 2주체간의 사회복지의 배분의 문제일 뿐이지 자원의 효율적 사용에는 영향을 주지 않는다. 이것이 코스의 정리이다.

## Ⅱ. 코스 발상의 기여

코스 정리가 도출되는 위의 설정구도에는 하나의 중요한 가정이 전제되어 있다. 그것은 농부와 목축업자 간에 거래가 아무런 마찰도 없이 순조롭게 이루어진다는 가정이다. 만약 농부가 책략을 동원하여 목축업자를 골탕먹이면서 유리한 협상조건을 유도한다든지, 그 반대로 목축업자가 유사한 행태를 보인다든지 하여 두 사람 사이의 거래가 예측불허의 교착상황에 빠지게 된다면 문제는 복잡해진다. 코스는 2 주체간의 순조롭지 못한 거래에서 발생하는 비용요소를 거래비용(transaction cost)이라고 지칭하였다.

코스는 거래비용이 영이라고 가정하고 코스정리가 도출되는 상황을 설명하였다.

이 한편의 논문(Coase 1960)을 통하여 코스가 이룩한 업적은 대단하다.

우선 가해자와 피해자간의 분쟁 문제에서 가해자에게 분쟁의 원인을 묻는 단선적 설정구도에서 양측에 책임을 묻는 대칭적 설정구도를 도입함으로써 발상의 전환을 통하여 복지분석의 지평을 넓히는 획기적 기여를 하였다.

둘째, 신고전학파경제학의 이론 틀 속에서 제도문제를 내생변수로 다룰 수 있는 이론구도를 설정하는 데 성공하였다. 가해자에게 분쟁 책임(liability)을 설정하느냐 피해자에게 분쟁책임을 설정하느냐 하는 2개의 서로 다른 제도 사이에서 가해자와 피해자라는 2 경제주체가 서로 거래(bargain)를 통하여 제도문제의 분쟁을 해결할 수 있는 구도가 설정된 것이다.

이 거래(bargain)가 시장의 교환(exchange)거래와 다른 점이라면 그것이 시장의 교환거래 만큼 마찰 없이 이루어지지 않는다는 점이다. 즉 대부분의 경우 거래비용이 수반된다.

코스의 두 번째의 업적으로 인하여 신고전학파 경제학 이론 틀 안에서 제도문제를 다룰 수 있는 분석의 기틀이 마련된 것이다. 이로써 신제도주의 경제학(new institutional economics) 연구가 출범할 수 있게 된다.

제도문제를 신고전학파 경제학 이론구도 속에서 내생변수로 다룰 수 있는 이론 기반을 구축하는 작업은 코스의 거래비용 접근방법 외에도 재산권이론 접근(Alchian 1977, Demsetz 1967), 계약이론 접근(Williamson 1963, Holmstrom and Milgrom 1987) 등의 방법으로 시도되었다.

## Ⅲ. 거래비용의 존재

코스정리의 발견으로 이룩된 학문적 성과는 획기적이지만 코스모형은 남용되는 경향이 있다. 거래비용이 존재하는 상황에서는 반드시 코스정리가 성립된다는 보장이 없다. 즉 거래비용이 존재하는 상황에서는 누구에게 분쟁의 책임을 귀책 시키느냐에 따라서 자원배분에 영향을 미치게 될 수 있는 것이다.

그러나 거래비용이 없는 상황이 쉽게 가정되어 모델이 설정되는 경향이 있다. 그리고 코스정리를 적용하곤 한다. 코스도 이점을 염려하고 있다.[3)]

현실에서는 분쟁 당사자 간의 거래에 거래비용이 존재하고 있다. 분쟁 당사자들은 거래에서 유리한 입장을 취하기 위하여 전략적 행태를 보이게 마련이다. 정보의 비대칭성을 이용하여 기회주의적 행동(opportunism)을 하기도 하고, 협박을 통하여 게임을 자신에게 유리하게 유도하기도 한다.

경제주체들이 불완전한 정보(imperfect information) 밖에 가지고 있지 않다든지, 발생할 수 있는 다양한 경우의 수에 대하여 오직 제한된 범위에서만 합리적 판단(bounded rationality)을 할 수 있는 정도의 인지(cognizance) 능력의 한계를 가지고 있다고 한다면 문제는 더욱 복잡해진다.

분쟁 당사자가 2 사람이 아니고 다수의 사람이 포함되어 있다면 어떻게 될 것인가? 그 다수의 사람들이 기수적(cardinal) 비교가 가능하지 않은 목적함수를 가지고 있다면 어떻게 될 것인가? 예컨대 한 사람은 아무리 많은 돈을 주어도 자신의 농토에 목책을 치기를 거부한다면? 때에 따라서 사람들은 독립적인 의사결정에 따른 의사결정과 행동을 하는지를 의심할 정도로 군집행동에 휩쓸리는 경향을 보이기도 한다.

분쟁문제가 목책을 두르는 하나의 문제만이 아니고 지하수의 사용이라든지, 소유권 분쟁이든지 또는 개인적 원한관계까지 겹쳐있어서 복합적 분쟁상황의 경우라면 어떻게 될 것인가? 현실적으로 분쟁은 코스정리가 적용되는 단순한 경우는 흔치 않고 상당한 거래비용이 존재하는 복잡한 경우가 일

3) R. Coase(1988), 15쪽.

반적이지 않을까? 이런 경우에 코스모형은 제도를 둘러싼 이해관계의 대립 문제의 다루는 데 있어서 얼마나 유효한 길잡이가 될 수 있는가?[4)]

## Ⅳ. 방법론적 개인주의와 전체론적(holistic) 사회현상의 괴리

신고전학파로 명명되는 주류경제학의 장점은 과학적 방법론에 있다. 경제학에서 과학적 방법론은 방법론적 개인주의와 잘 결합되고 있다. 한계혁명에 의하여 가속도가 붙은 방법론적 개인주의는 경제학의 과학적 방법론의 근간을 이루고 있다.

그러나 주류경제학의 문제점은 개인의 의사결정 이론에 기반을 두고 있는 분석방법으로는 개인들의 집합체로 나타나는 사회현상(holism)을 설명할 수 없다는 점이다.

개인의 의사결정을 합함으로써 집단적 의사결정(collective choice)을 설명하려는 시도는 대체로 실패하였다. 각종의 사회후생함수는 개념에서부터 비약이 심하여 현실성이 결여되어 있다. 투표 이론은 콘도르세 방식[5)]의 다수결투표에서부터 애로우(Arrow 1951)의 불가능성정리에 이르기까지 개인의 의사결정을 합함으로써 일관성 있는 집단적 의사결정에 도달하는 완전한 방법은 없다는 것을 입증하고 있을 뿐이다.

케인즈는 전체론적(holistic) 사회적 현상을 기초개념으로 삼아 거시경제 이론분석을 시도하였다는 점에서 방법론적 개인주의의 예외이다. 그러나 주

---

4) 코스(1960)도 이런 복잡한 상황에서 때로는 직접적 정부규제가 유효한 수단이 될 수 있음을 논의 하고 있다.
5) Marquis de Conndorcet(1785), Dennis C. Mueller(2003) 84쪽에서 재인용.

류경제학의 미시적 접근방법의 도전을 받고 있다.

코스모형은 주류경제학의 방법론적 개인주의의 이론 구도 안에서 사회 집단적 현상인 제도문제를 끌어 안을 수 있는 이론 틀을 제시하였다는 점에서 주류경제학의 약점을 보완하는 기여를 하였다고 볼 수 있다. 그러나 이미 언급된 바와 같이 거래비용의 개념이 불완전하다는 치명적 문제점을 가지고 있다.

사실 시장은 사회가 가지고 있는 무수한 제도 안에서 기능하는 한 부분에 불과하다고 할 수 있다. 따라서 시장의 가치척도로 측정되는 거래비용(transaction cost) 개념을 가지고 시장 자체의 존재와 기능을 규정하고 있는 제도를 측정하고자 하는 시도는 무리가 있다.

결국 코스에 의해서도 개인의 의사결정에서 출발하여 집단적 사회현상의 설명에 도달하는 루트는 확보되지 못했다고 할 수 있다.

## V. 확장된 질서의 생성

비록 과학적 방법론에서는 취약하다는 비판을 받고 있지만 오스트리아 학파는 개인의 행위에서 출발하여 사회적 현상에 대한 설명을 시도하고 있다.

간섭을 받지 않는 개인의 행동이 사회적으로 조화로운 질서 즉 자생적 질서(spontaneous order)를 만든다는 것이다. 개인들은 잠재의식(meta-conscious)에 축적된 엄청난 분량의 암묵지(tacit knowledge)를 배경으로 의식적 행동을 하게 되며 최선의 선택을 찾아 가는 능력을 발휘한다. 시장기능의 작동과정은 이러한 정보의 교류과정(information discovery process)

인 것이다.

한 걸음 나가서 하이에크는 장구한 세월을 거치면서 사람들은 확장된 질서(extended order)를 만들어 낸다고 본다. 예컨대 자본주의를 구성하는 재산권, 회계제도, 화폐제도, 기본권, 법치주의 등이 그것이다. 이것은 자생적 질서의 운용 과정에서 만들어지는 것이다. 이것은 의도적으로 만든 것이 아니라 의도되지 않은 결과(unintended consequences) 즉 문화적으로 진화된 도덕의식(evolutionary morals)에 의해서 만들어진 것이다. 이것이 제도의 진화과정이다.

방법론적 개인주의에서 출발하여 집단적 사회질서의 형성과 운용에 이르기까지 연결된다. 이것이 오스트리아 학파의 장점이다. 단점은 과학적 방법론과 사실성의 결핍이다.

확장된 질서가 의도되지 않은 결과로 나타났다고 하는 설명은 그럴듯하게 들리지만 구체성을 결여하고 있다.

## Ⅵ. 제도연구를 위한 제언: 자유주의의 경우

자유주의(liberalism)란 단어가 사용된 것은 스페인 까디즈(Cdiz)에서 발간된 '1812년 스페인 헌법' 지의 편집인들이 스페인 왕정의 절대주의에 대한 반대파로 그들 자신을 가리킨 리베랄(Liberales)이란 말을 사용한 것이 최초인 것으로 알려지고 있다.

이것은 자유주의란 개념이 또는 자유라는 개념이 19세기가 되어서야 등장하였다는 것을 의미하는 것은 아니다. 사실상 무슨 무슨 주의(ism)라고 하는 것은 그것의 내용을 규정하는 대부분의 개념이 발전되고 나서 전체를 묶는 개념으로 맨 나중에 등장하는 것이 순서이다. 19세기에 이르면 자유 또는 자유주의의 개념은 완성 단계에 도달하게 된다고 보는 것이 적절하다.

자유(liberty)란 '개인의 자유'를 말하는 것이고, 자유주의란 개인의 자유를 보장하는 사상 또는 체제를 의미한다.

개인의 자유란 무엇인가? 개인의 자유를 보장하는 사상 또는 체제란 무엇인가? 이 질문에 답하기는 쉬운 일이 아니다. 개인의 자유, 또는 개인의 자유를 보장하는 체제란 단순하게 몇 가지 개념을 도입하고 설명함으로써 완성되는 것이 아니기 때문이다. 그것은 그것을 가능하게 하는 수백년 또는 수천년의 기간에 걸쳐 이룩된 역사와 그 역사를 통하여 만들어진 제도가 배경에 있다고 보아야 한다.

시장경제를 구성요소로 생각하지 않는 개인의 자유 또는 개인의 자유를 보장하는 체제란 생각할 수 없다. 재산권, 계약의 자유, 이것들을 가능하게 하는 불법행위 법체제 등이 시장경제의 구성요소라고 한다면, 이 제도들을 전제로 하지 않는 개인의 자유란 성립될 수 없다.

시장경제는 자본주의의 역사에서 탄생하였다. 물론 개인의 자유를 보장하는 체제는 시장경제만으로 이룩될 수 없으며, 개인의 기본권을 포함하여 지금 우리 사회의 생성과 운용을 보장하는 수많은 제도, 도덕 문화의식 등에 의해서 지탱되는 것이다.

12세기 말부터 13세기 초까지 14세기에 이르러서는 더 분명하게 베네치아 경제는 시장, 상점, 창고, 정기시, 조폐국, 도제 궁전, 국립조선소, 세관 등과 같은 모든 자본주의 운영의 도구들을 구비하고 있었다. 당시 리알토 광장에 자리한 환전상과 은행들 앞에는 매일 아침 베네치아 상인들과 외지상인들이 회합했다. 은행가들은 손에 펜과 공책을 들고 계좌간 이체를 기입했다. 스크리타(scritta: 기입)라는 방법은 화폐의 교환에 의하지 않고도 다음 번 정기시까지 기다릴 필요도 없이 계좌이체를 통해서 상인들 간의 거래를 현장에서 해결하는 놀라운 방법이었다..... 스크리타 은행은 일부 고객들에게 당좌대월까지 허용해주었다.[6)]

'시장경제', '자유' 등의 단어는 추상적 개념이다. 제도는 불확실한 세상 여건에 던져져서 지식과 정보능력에 한계(ignorant)를 가질 수밖에 없는 개인들이 이에 대처하는 과정에서 개인들간의 합의를 통하여 찾아낸 집단적 선택행위의 구체적 표상이다.

시장경제와 자유라는 추상적 개념를 말하기 보다 구체적 제도를 논의 하는 것이 보다 실질적이고 또한 개념적 오류를 피할 수 있다. 실체적 제도에 연결되지 못하는 주류경제학의 연구모형들은 사실성을 결여(falsifiable)할 위험이 있다. 역사적 제도사례에 연결될 때 오스트리아 학파의 연구도 구체성을 가지게 된다. 제도는 방법론적 개인주의를 사회집단의 문제(holism)로 연결해준다.

6) 페르낭 브로델(1986)/주경철번역(1997), 「물질문명과 자본주의 III-1」, 174쪽, 까치글방.

## 참고문헌


Alchian, Armen A.(1977), 'Some Economics of Property Rights,' in *Economic Forces at Work*, ch.5, Liberty Press.

Arrow, K (1951), *Social Choice and Individual Values*, John Wiley.

Coase, R. H.(1937), 'The Nature of the Firm,' *Economica* 4(November).

________ (1960), 'The Problem of Social Cost,' *Journal of Law and Economics* 3(October).

________ (1988), 'Notes on the Problem of Social Cost,' ch. 6 in *The Firm, the Market, and the Law*, the University of Chicago Press.

Cooter, Robert and Thomas Ulen(2004), *Law and Economics*, 4th edition, Pearson.

Demsetz, Harold(1967), 'Toward a Theory of Property Rights', *American Economic Review*, LVII(2), May.

Furubotm, E.G. and Rudolf Richter(2000), *Institutions and Economic Theory: The Contribution of the New Institutional Economics*, Michigan.

Hayek, F.A.(1979), *Law, Legislation, and Liberty*, University of Chicago Press.

________(1989), *The Fatal Conceit: The Errors of Socialism*, University of Chicago Press.

Holmstrom, B.R., and P. Milgrom(1987), 'Aggregation and Linearity in the Provision of Intertemporal Incentives', *Econometrica* 55.

Mueller, Dennis C.(2003), *Public Choice III*, Cambridge.

Williamson, Oliver E.(1963), 'Managerial Discretion and Business Behavior', *American Economic Review* 53.

페르낭 브로델(1986)/주경철번역 (1997), 『물질문명과 자본주의』, 까치글방.

# 6 시장교환, 관계적 교환, 시장기능의 제도적 형식[1), 2)]

## I. 서론

인간은 사회적 동물("Man is by nature a political animal")이라는 아리스토텔레스의 명제는 인간사회가 본질적으로 사회 구성원 간에 관계적 교환관계를 기초로 구성되어 있다는 것을 의미한다.[3)] 유교권 사회의 역지사지(易地思之) 원리도 인간사회의 '관계적 교환관계'를 살아가는 지혜를 말하고 있다.

1) 한국경제학회 주최 "2010 경제학 공동학술대회"에서 발표, 2010년 2월9일, 서울대학교 멀티미디어 강의동.

2) 『제도와 경제』 6권1호, 61-82 쪽, 필자 동일 제목의 논문에서 전재.

3) 아리스토텔레스가 말한 'political animal'에서 정치는 엄밀히 말하자면, 경제적 관계를 형성하는 인간이라기보다는 도시국가의 정치에 참여하는 '지적으로 고양된' 목적으로 가진 인간을 의미하는 것으로 보인다. 이 글에서는 이것을 보다 현대적 의미에서 해석하여 인간사회의 질서에 참여하는 개인을 표현하는 것으로 파악하였다.

관계적 교환관계는 인간사회의 안정성을 공고히 하는 자연발생적 질서이다. 경제학에서 이 문제가 응당한 대우를 받지 못하고 있다는 것은 매우 납득하기 어려운 일이다(Weber 1968). 관계적 교환관계가 확립되면서 인간사회의 풍요로움도 큰 발전을 하게 된다. 도덕률의 확립은 이러한 관계적 교환관계의 확립에 결정적 계기를 마련하게 된다(Macneil, 1978).

시장교환은 재산권제도가 확립된 이후에 발생한 현상이다. 시장교환과 '관계적 교환' 은 배반적 현상이라기보다 구성적 통합체로써 경제 질서를 만들어 간다. 관계적 교환관계는 재산권제도 구조의 반영이라고 할 수 있다. 이 점에서 시장교환에만 국한된 경제 분석은 제도적 현상에 대한 고려를 결하고 있다.

이 연구에서는 시장기능의 제도적 형식을 파악하기 위해서 재산권제도가 전제되어야 하고 이것은 관계적 교환관계와 연결됨을 밝히고 있다. 이 골격을 통하여 주류경제학의 분석체계는 불완전하며 제도적 차원이 포함된 분석체계의 도입이 필요함을 밝히고 있다. 제도적 차원이 포함된 분석체계는 관계적 교환이 포함된 질서를 의미한다. 이것은 기존의 분석 시각에 근본적인 변화를 의미한다.

본 논문의 전개순서는 다음과 같다. 제II절에서는 제산권제도의 불완전성 등 이 연구의 분석의 기본 틀이 될 5개의 설정을 소개한다. 제III절에서는 시장교환과 결합되는 관계적 교환의 내용을 소개한다. 제IV절에서는 시장교환 및 관계적 교환이 유기적으로 구성된 교환경제가 사업심에 의해서 비즈니스 모델로 경제활동을 만들어 경제발전에 이르게 되는 메커니즘이 소개된다.

제V절에서는 모든 논의의 기본제도형식인 재산권의 설정에 대해서 소개한다. 제VI절에서는 시장기능의 미시적 단위인 비즈니스모델의 구성이 어떻게 시장교환요소와 제도적 교환요소로 결합되었는지 하는 내용을 도해한다. 제VII절에서는 제도적 차원이 도입된 새로운 경제 분석의 틀이 소개된다. 마지막으로 제VIII절에서는 결론적 요약이 이루어진다.

## II. 5개의 설정과 분석의 틀

이 분석은 실체적 사실에 입각하여 다음 5개의 설정을 기본 골격으로 하여 전개된다.

- **설정 1 (재산권 제도의 불완전성)**: 재산권 제도는 오직 불완전하게 정의된다.[4]

재산권제도를 규정하는 수많은 제도가 있다. 그럼에도 불구하고 모든 상황에서 완전한 재산권이란 정의될 수 없다. 즉, 재산권 제도는 그 자체로 불완전하다.[5] 특히 새롭게 고안된 경제활동에 대한 재산권 제도는 불완전할 수밖에 없다.

- **설정 2 (제한적 인지능력)**: 경제주체의 의사결정은 제한적 합리성(bounded rationality)의 인지능력 범위를 넘지 못한다.

인간의 인지능력은 제한적이며 합리성의 가정은 인지능력의 범위에서 제한적으로만 성립된다.

4) 이 연구에서는 재산권(property right)과 소유권(ownership)을 구분하지 않고 사용하고 있다.

5) 법원에서 진행되는 수많은 민사소송을 상기하면 족하다. 사실 실생활에서는 법원에 제소되지 않는 더 많은 분쟁이 존재한다.

- **설정 3 (재산권 제도의 안정적 기능)**: 제도는 복수 개인으로 구성된 사회에서 발생하는 기회주의적 행동(opportunistic behavior)으로 인지능력 한계에서 기인하는 제한적 합리성에서 발생하는 복합적 갈등 문제에 대한 현실적 해결방안이다.

인간은 기회주의적으로 행동한다. 다수의 개인으로 구성된 사회의 복잡성의 특징은 일관된 의사결정과정이 존재하지 않는다는 것이다. 여기에 인간의 인지능력의 한계는 갈등 문제의 복잡성을 가중시킨다. 이러한 진퇴양난의 갈등 상황에 대한 인간사회의 해결방식은 제도의 도입이었다. 인간사회는 물질문명의 발달과 함께 제도를 발전시켜왔다. 재산권, 기본권 제도뿐만 아니라, 도덕 및 윤리규범, 관습 등을 만들어 왔다. 이러한 제도장치는 경제적 갈등 환경에서 개인 경제활동의 재산권을 안정적으로 보호하는 장치의 역할을 한다.

- **설정 4 (경제활동의 형식조건)**: 개인은 재산권 제도를 통해서만 경제활동을 하며, 필요에 따라서 계약, 즉 경제활동의 재산권을 보장하는 새로운 제도를 만든다.

개인의 경제활동은 오직 재산권 제도를 통해서만 성사가 가능하다. 개인들은 경제거래에서 필요하면 계약을 하며 계약은 가장 기본적 제도의 단위이다. 즉, 개인들은 기존의 재산권 제도를 통하여 경제활동을 하지만 계약, 관계적 계약을 통하여 개별 경제행위에 필요한 새로운 제도를 만들기도 한다.

- **정의 1 (관계적 계약 외)**: 관계적 계약은 재산권이 설정되지 않는 대상에 대하여 개인들이 또는 집단을 구성하여 직 · 간접적으로 개별 경제주체의 이익을 추구하는 행위를 말한다.

[그림 1] 관계적 교환의 제도적 구조와 진화적 변화

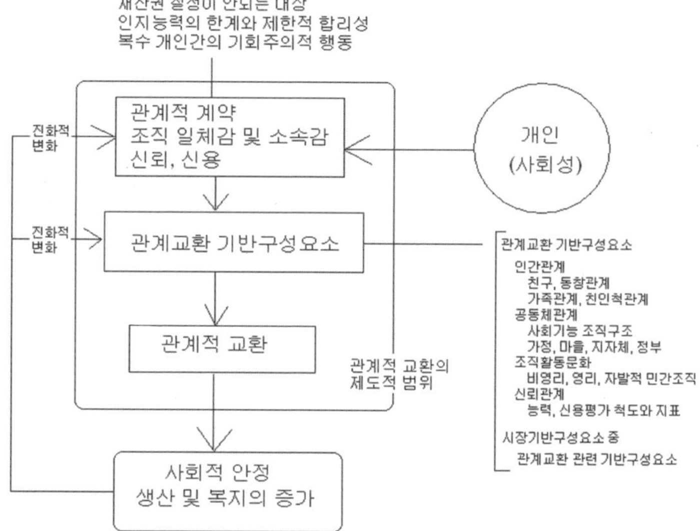


그룹 활동, 동창, 친구관계의 수립 등 행위뿐만 아니라 '관계적 계약 외'라고 표현하여 넓은 의미에서 개인의 신뢰성 확립, 고객신뢰 확보 등 행위를 모두 포함한다. 관계적 계약 외는 다음 설정 5에 나오는 관계적 교환의 제도적 형식이다.

- **설정 5 (관계적 교환)**: 개별 경제주체들은 가장 기본적인 사회활동으로 관계적 교환 활동을 추구한다.

'관계적 교환' 이란 재산권이 설정되지 않는 대상에 대하여 개인들이 또는 집단을 구성하여 직 · 간접적으로 개별 경제주체의 이익을 추구하는 과정에서 발생하는 구성원 간의 교환적 행위를 지칭한다.

실제 인간의 사회활동의 대부분이 이러한 관계적 교환활동이라고 할 수 있다. 친구관계가 대표적으로 주고받는 관계적 교환의 경우이다. 가격이 매개되고 있지 않으며 따라서 교환의 등가성을 따지지 않는다는 점이 시장교환과 다른 점이다. 그러나 개인 간의 교류관계에 의해서 나타나는 현상이다. 광의에서 신뢰관계, 명예, 도덕행위 등의 문제도 관계적 교환의 범위에서 포함하여 생각할 수 있을 것으로 보인다.

- **정의 2 (사업가):** 혁신적 발상으로 수익성 있는 사업모델을 경영하는 사람을 사업가(entrepreneur)라고 정의한다.

재산권 제도의 불완전성, 인간 인지능력의 한계 등에서 비롯된 제한적 합리성, 복수 개인으로 구성된 사회의 기회주의적 행태 등의 원인요인에 의해서 사업전망은 불투명한 특징을 가지고 있다. 사업가는 혁신적 발상으로 불투명한 사업전망에서 수익성 있는 사업모델을 발진시키는 사람이다.

- **정의 3 (시장기반 구성요소):** 경제의 상부구조 및 하부구조를 통튼 제도적, 물질적, 지적 기반을 지칭한다.

'시장기반 구성요소'란 법적제도(재산권, 계약, 불법행위; 경제외적 사업, 공법), 관행(도덕률, 사적조직, 산업조직), 도시화(상설시장의 확산정도; 전문화, 사회적 분업의 확산정도; SOCs - 도로, 항만, 동신, 학교 등; 정보 networks; 금융중개 전문화 정도, 산업화(공업화 정도; 산업분화 전문화 정도), 기술, 인적자본(지식, 기술; 인지, 교육), 문화 등을 말한다. 시장의 제도적 형식은 사업가의 비즈니스모델의 재료가 되는 방대한 시장기반 구성요소를 하부기반으로 해서 재산권제도를 매개로 하여 만들어진다.

## III. 시장교환과 관계적 교환

정의 1과 설정 5에서 정의된 바와 같이 시장교환과 구분되는 관계적 교환이 이 연구의 핵심개념이 된다. 사실 인간사회에는 태초에 관계적 교환이 있다고 할 수 있다. 관계적 교환은 인간의 사회생활의 기본적 형태이기 때문이다. 시장교환은 이를 기반으로 생겨난 것이다. 예컨대, 동창회에 참가하며 기꺼이 경제적 및 시간적 비용을 지불한다. 즉, 회사의 연말결산으로 24시간이 부족한 상황에서도 시간을 쪼개서 연말 동창모임에 참가한다. 동창회 참가를 단지 사업상 유용한 관계의 네트워크 확보를 위해서만 하는 것은 아니다. 동창을 만나는 즐거움을 그 자체를 위해서 참가한다. 그러나 사회란 인적 네트워크로 이루어진 공동체이며, 동창관계는 중요한 역할을 한다.[6] 즉 사업상 목적을 위해서도 유용하다.

[그림 1]은 '관계적 교환'의 제도형식을 보여주고 있다. 관계적 교환의 출발은 개인의 사회성이다. 관계적 교환의 기반구성요소는 관계적 교환을 만들어 내는 소재를 말한다. 가정이 대표적 사례이다. 가족 구성원은 애정과 믿음으로 가정생활, 가정사회 및 가정경제의 운영을 영위해 나간다. 이것은 사회에 안정성을 주며 엄청난 복지를 생산한다. 이 가정생활이 영위되는 형식을 굳이 표현하자면 '관계적 계약'이라고 명명할 수 있다. 이 관계적 계약을 가능하게 하는 것은 믿음이요, 가족 애정이다.

가정은 관계적 교환의 대표적 조직단위 사례이지만, 친구 간 우정, 신뢰를 주고받는 집단, 동문수학의 관계에 있는 동창, 영리 비영리, 자발적, 비자

6) 대학에 가는 것도 지식을 배운다는 1차적 목적이 있지만 동창관계를 확보한다는 무시하지 못할 목적이 있다는 것은 소위 일류대학을 지망하는 치열한 대학입시 경쟁에서 잘 나타난다.

발적 민간집단들이 다른 사례이다. 인간은 본성적으로 공동체 생활을 해나가게 마련이다. 그것이 개인의 기회주의 행태, 인간인지능력의 한계에서 오는 분쟁과 혼란에 대해서 대처해나가기 위해서 역사적으로 인간사회가 만들어 놓은 제도장치이다.

개인은 본능적으로 우정, 믿음, 사랑 등의 형식을 빌려 관계적 교환의 기반구성요소를 소재로 하여 관계적 교환행위를 하게 된다. 제V절에서 다시 논의되겠지만, 관계적 교환이 이루어지는 대상은 재산권 설정이 안 되는 것들이다. 관계적 교환은 가격을 매개로 하지 않기 때문에 '등가적 교환'이라고 할 수 없다. 장기적으로 등가를 지향하는 있다고는 할 수 있겠지만, 이 영역이야 말로 제한적 합리성의 영역이고 인지가 허용하는 범위에서의 예감있는(sensible) 행동의 영역이다.

실제로 관계적 교환 과정에서 많은 생산이 이루어진다. 그런데 이들에 대한 가격평가가 이루어지지 않기 때문에 이들은 국민소득 통계에 잡히지 않는다.

어느 중남미 국가의 1인당 국민소득이 예컨대 10여 달러로 계산된다고 해서 이들의 복지수준을 그 숫자로 평가하는 것은 잘못이다. 이 사회는 관계적 교환의 크기, 비중 및 중요성이 선진국, 예컨대 미국의 관계적 교환의 그것보다 클 수 있는 것이다. 실제로 이들의 생활을 들여다보아도 미국에서 10여 달러로 생활하는 걸인보다 훨씬 안정되고 풍족한 생활을 하고 있다.

시장교환의 전제조건은 재산권의 확립이다. 재산권의 전제조건은 기본권이다. 결국 시장교환은 근대사 이후의 현상이라고 할 수 있다. 재산권은 간단한 장치가 아니다. 다양한 시장기반구성요소를 소재로 하는 경제활동의 모든 경우에 분쟁을 막을 공정한 재산권 제도를 설정한다는 것은 엄청난 제도 장치를 요하는 것이다.

시장교환이 교환의 이익을 창출하듯 관계적 교환도 역시 교환의 이익을 만들어 낸다. 1인 경제의 절대적 빈곤과 고립에서 탈출할 수 있다. 정보의 교환에서 물질의 교환, 그리고 공동체 구성원이 서로 도덕사회를 만들어가고, 상부상조하는 사회가 주는 정신적 물질적 풍요란 그렇지 못한 미개사회에 비하여 엄청난 차이를 보인다.

관계적 교환이 원활이 일어나기 위해서는 '도덕률' 이 필요하다. 유학자들이 지향한 사회, 또는 공상적 사회주의자들이 그린 사회가 제시한 사회일 것이다. 현대적 자본주의 사회와 비교를 한다면 곤란한 사회환경 이겠으나 그 이전의 문명 이전 사회와 비교한다면 엄청나게 발전된 사회이자 풍요로운 사회이다.

그러나 재산권이 확립되지 못했기 때문에 전문화에 필요한 시장을 통한 지속적 교환이 불가능하고 사회적 분업이 확립될 수 없다. 마치 법이 있다고 도덕률이 필요 없다고 생각할 수 없듯이 재산권이 확립된 사회라고 해서 관계적 교환이 중요하지 않은 것은 아니다. 또한 재산권에 높은 비중을 두어 운영되는 사회가 관계적 교환에 더 의존적인 사회보다 우월한 사회라고 볼 수도 없다. 영미 서양사회가 유교권 동양사회보다 더 낫다고 말 할 수 없는 것과 같다.

인간 생활에서 재산권이 확립된 대상은 지극히 제한적이기 때문에[7] 시장교환은 제한적 활동일 뿐이고, 대부분의 일상 활동은 관계적 교환활동이라

7) 예컨대, 친구관계, 동창관계, 신뢰관계, 신용 등을 재산권으로 할 수는 없다.

고 할 수 있다. 또한 시장교환과 관계적 교환 활동은 직조과정의 씨줄과 날줄과 같이 보완적으로 조화를 이루며 일상생활을 만들어 간다. 하이에크는 이것을 '자생적 질서'라고 표현하였다.[8)]

## IV. 재산권 제도, 시장기반구성요소, 비즈니스모델

Bendor · Kumar · Siegel (2009)은 '제한적 합리성'(bounded rationality)에서 선호순서(preference ordering)에 의하여 도출된 의사결정의 행태를 논의하고 있다. 그러나 인지능력의 한계에 따른 제한적 합리성뿐만 아니라, 복수 개인 간에 발생하는 기회주의적 행태로 인한 개인 간 갈등 문제는 상황의 복잡성을 증폭하여 이 상황에서 의사결정이 어떤 논리적 접근방법으로도 풀어내기 어려운 퍼즐로 만들고 있다.

인간사회가 이 문제로 어떻게 고뇌하고 투쟁해왔는가 하는 것이 그 사회 역사의 대부분이라고 할 수 있다. 그 과정에서 나타난 것이 제도이다. 특히 재산권 제도는 이러한 결함 있는 인간사회에서 어떻게 하면 개인의 재산권을 보호할 수 있을까 하는 질문에 대한 완전하지는 않지만 수긍할 만한 대답이라고 할 수 있다.

행태경제학 모델은 가설이지만 제도는 사실(fact)인 것이다. 이 연구는 출발점을 행태경제학의 가설이 아니라 사실, 즉 제도에서부터 시작한다. 그런데 설정 1에서 밝힌 바와 같이 재산권 제도는 완전할 수가 없다. 이 불완전한 재산권 제도를 매개로 해서 '시장기반 구성요소'(market-building

---

8) 본 연구의 기여는 관계적 교환의 개념으로 자생적 질서의 구체적 내용을 조명하였다는 점이다.

composition factors)를 이용하여 수익성 사업모델을 만들어 내는 것이 사업가이고 사업심이다.

- **명제 1 (비즈니스 모델):** 설정 1-5의 상황에서 사업가는 시장기반구성요소를 재료로 하여, 재산권의 제도적 틀을 통하여 실현되는 수익성 추구행위인 비즈니스 모델을 추구한다.

이 비즈니스모델에는 시장교환 활동뿐만 아니라 관계적 교환 활동이 포함되어 있다.

**[그림 2] 시장교환, 관계적 교환, 비즈니스모델 그리고 경제발전**

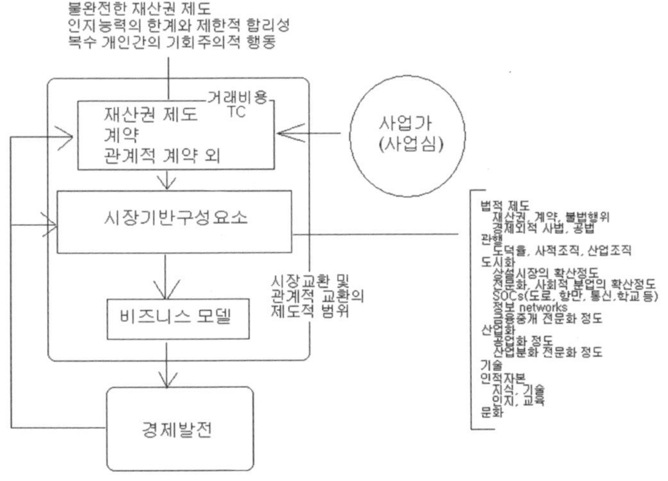


[그림 2]는 사업가의 사업 활동이 시장기반 구성요소를 재료로 하여 만들어지나 반드시 재산권제도를 통하여 실현될 수 있음을 표현하고 있다. 시장의 교환은 재산권이 설정될 수 있는 대상에 대하여 이루어진다. 재산권이 직접적으로 설정될 조건에 있지 못한 대상에 대해서는 계약을 통하여 재산권

을 설정할 수 있다. 계약을 통하여서도 재산권 설정이 될 수 없는 대상에 대해서는 관계적 계약 등의 방식으로 재산권 설정을 위한 보조적 노력 행위들이 이루어진다. 관계적 계약 등이 이루어지는 환경은 개인들의 사회생활의 관계적 교환을 통하여 실현된다.

이렇게 실현된 비즈니스 모델이 사회 경제활동의 기초 활동이 되며 이들이 모여서 경제의 운용과 발전이 이루어진다. 경제발전은 시장기반 구성요소들을 확충, 발전, 진화시키며 동시에 사회구성원의 인지구조 및 지적 능력을 계발한다. 동시에 공공선택의 정치성(精緻性) 구도에 발전을 이룩하고 그 결과 재산권, 계약, 불법행위제도의 변화를 유발한다. 동시에 관계적 계약의 구도와 관계적 교환의 내용이 변화한다.

이 순환적 발전구조가 경제발전 구조이다. 주목할 점은 이 모든 순환적 발전구조의 동력은 사업심(entrepreneurship)에서 비롯된다는 점이다.

## V. 재산권 설정이 되는 대상과 안 되는 대상의 구분

경제학의 근본적 문제는 재산권 설정의 가능 여부에 달려 있는 것으로 보인다. 사회구성원이 관심을 가지고 참여하는 모든 문제는 재산권이 설정되는 대상과 안 되는 대상으로 구분된다. 시장에서 교환거래가 이루어지는 것은 모두 재산권이 설정되는 대상이다.

재산권 설정이 안 되는 대상은 시장의 교환거래가 불가능하다. 예컨대, 공유의 비극(the Tragedy of the Commons)은 재산권 설정이 안 되는 대상의 문제이다.[9] [그림 3]는 이 경우가 속한 영역을 표시하고 있다.[10]

재산권이 설정되는 경우 시장거래가 가능해진다고 했지만, 이것도 간단한 문제가 아니다. 재화에 대한 재산권 설정, 그것도 경제주체(개인을 포함)의 재산권으로 설정이 가능하기 위해서 얼마나 많은 제도적 장치가 필요한가? 국가의 성립에서부터 기본권의 확립, 재산권 관련 법률과 규정, 관습, 생각하면, 실제로 재산권과 관련 없는 제도의 거의 없다고 할 수 있다.

**[그림 3] 재산권설정 가능성에 따른 영역구분과 경제발전**

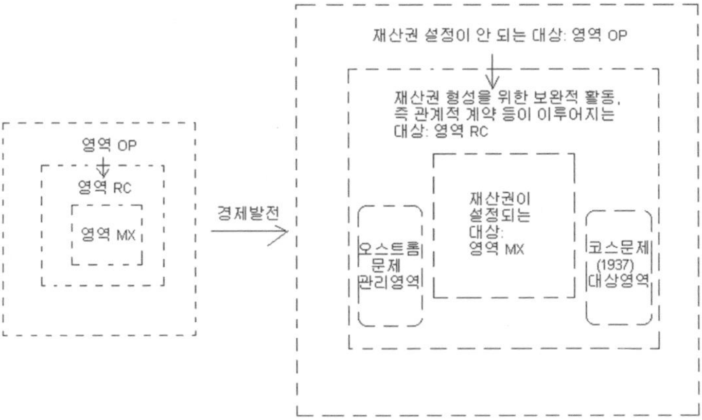

영역 OP
영역 RC
영역 MX
경제발전
재산권 설정이 안 되는 대상: 영역 OP
재산권 형성을 위한 보완적 활동, 즉 관계적 계약 등이 이루어지는 대상: 영역 RC
재산권이 설정되는 대상: 영역 MX
오스트롬 문제 관리영역
코스문제 (1937) 대상영역

주) MX: 시장교환(Market Exchange) - 재산권, 계약
RC: 관계적 계약(Relational Contract) 등
OP: 재산권 설정 권역외(Off Property Rights)

9) 공공선택(public choice)학파가 제기한 문제는 모두 재산권 설정이 안 되는 대상에 대한 문제 중의 정치적 의사결정과 관련된 일부이다.

10) 오스트롬(1990)은 재산권 설정이 안 되는 대상에 대해서도, 예컨대, 공유자원에 대해서도, 사회구성원의 이기심의 발로에 의한 종말적 파괴에 이르지 않는다는 점을 게임과 사례분석을 통하여 밝히고 있다. 공유재산의 사유화만이 공유자원의 보존에 이르는 유일한 해결책이 아니라는 것이다. 사실상 오스트롬의 연구가 밝힌 것은 별로 새로운 사실이 아니다. 공동체의 정치적 운영(community polity)도 공유자원과 같다. 공동체의 정치적 운영은 재산권이 설정되지 못한다. 그러나 정치의 결과는 그 사회 구성원 모두의 운명을 결정한다. 올슨(1965)의 예견, 즉 그룹 활동에서 개인의 행동이 개인이 이기주의에 기초하고 있다는 예견에도 불구하고 사회의 운영은 양 극단, 즉 레비어선의 독재정치 또는 개인의 무분별한 이기주의에 의한 공동체의 파멸로 이르지 않는다. 공화제의 정착, 자유민주주의 정체의 확립이 그것이다. 물론 공유재화의 경우에서 모두 오스트롬의 해결책으로 가는 것은 아니다. 오스트롬의 해결책으로 가는 공유재화 관리의 해결책이 생존하여 제도의 진화적 발전을 이룬다고 할 수 있다.

재산권 설정이 안 되어 있다 하더라도 당사자들 간의 계약만으로 재산권 설정이 가능해지는 경우 재산권 설정이 이루어진다. 이것이 계약의 기능이다. 계약만으로 재산권 형성이 안 되는 경우라도 경제주체들은 재산권 형성과 직간접으로 관련된 활동에 종사함으로써 재산권 형성이 가능하게 보완적 활동을 하게 된다. 대부분의 관계적 계약이 이 경우에 해당한다. 이 경우가 본 연구의 대상이 되는 경우이며 [그림 4]에서 점선으로 표시된 경우이다.[11)]

재산권 설정이 안 되고, 재산권 형성이 가능하도록 하는 보완적 활동도 시도되지 않는 경우도 비일비재 하다. 사실 무한하다. 대부분 상상할 수 있는 유·무형 재화 및 인간사회의 모든 관계 등이 그 중 일부이다. 외부경제(external economy)도 그 중 하나이다.

[그림 2]에서 각 영역의 모습과 크기를 결정하는 것은 시장기반구성요소이다. 시장기반구성요소는 저량(stock)변수이며 경제성장과 함께 축적되고 진화한다. 시장기반구성요소의 성장은 각 영역별 대상 재화의 영역을 확장한다.

## VI. 시장기반구성요소와 비즈니스 모델

시장은 경제학의 중심개념이다. 그럼에도 불구하고 경제원론에서 시장은 오도된 개념으로 파악되고 있다. "p-q 체계" 안에서 시장의 본질적 모습은 존재하지 않는다.[12)]

11) [그림 3]의 점선은 각 영역이 열린 집합(open set)이라는 것을 보여주고 있다.

12) p-q분석은 다음 절에서 (p-q, i)분석으로 표현되는 제도차원을 포함한 분석체계와 구분된다.

여기서 'p-q분석'이라 함은 가격 p와 수량 q로 표현되는 차원에서 계량(measure)이 이루어지는 분석의 바탕에 기반을 둔 신고전학파 경제학 체계를 지칭한다.

● **정의 4 (p-q 체계)**: p-q 체계라 함은 가격 p와 수량 q로 표현되는 차원의 척도(measure)로 계량이 이루어지는 분석의 바탕에 기반을 둔 신고전학파 경제학 체계를 지칭한다.

시장의 본질적 모습은 교환(exchange)에 있다. 아담 스미스(1776)는 국부론의 첫 장에서 이것을 분명히 하고 있다. 교환을 통하여 생산의 사회적 분업체계를 만들어 가는 과정을 '보이지 않는 손'으로 묘사하고 있다. 이러한 생산의 사회적 분업체계는 개인들의 이기심의 결과 나타난 의도되지 않은 결과(unintended consequence) 인 것이다.

**[그림 4] 사업(e)의 시장기반구성요소와 비즈니스모델**

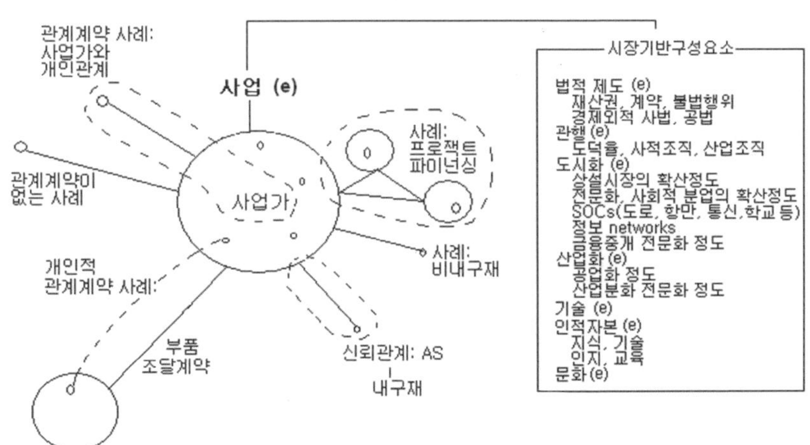

[그림 4]에서 시장기반 구성요소(market-building composition factors)들이 예시적으로 소개되어 있다. 각종의 제도(법적제도 및 관습, 관행 등) 뿐만 아니라 도시화, 사업화 정도, 기술, 인적자본, 문화 등의 요소가 예시적으로 소개되고 있다.[13] 사업가(entrepreneur)들은 이러한 시장의 여건구성요소들을 활용하여 비즈니스 모델(business model)을 창업함으로써 불확실성과 불확정성의 여건에서 사업의 수익성을 추구한다.

[그림 4]는 어느 사업가의 사업(e) 비즈니스 모델이 예시적으로 소개되고 있다. 이 사업 (e)는 시장 여건구성요소 중에서 사업성이 있어 보이는 요소들을 취합하여 비즈니스 모델을 만들어 사업을 발진시킨다. 어떤 기술(e), 인적자본(e), 정보네트워크(e), 재산권제도(e), 관행(e), 금융중개기능(e) 등이 이용되고 결합되는지는 그때의 상황과 사업의 내용에 따라 달리 결정된다.

[그림 4]에서 사업 (e)와 실선으로 연결되는 사업내용은 한 사업이 지니는 복합적 사업내용을 계약의 내용별로 하나하나 구분하여 포괄적으로 표시하고 있다. 물론 이 때 개별적 계약내용은 시장의 여건구성요소들에 상태조건에 의하여 영향을 받는다. 이 그림에서 표시된 비즈니스 모델 분석의 특징은 대부분의 개별적 계약이 관계적 계약(relational contract)에 의해서 영향을 받는다는 점을 점선으로 표시하고 있는 것이다.[14] 예컨대, 부품조달계약의 경우, 물론 경쟁적 입찰과정에서 객관적 원가분석, 납기 내 납품의 능력, 자본설비 및 기술적 능력 등을 종합적으로 고려하여 납품업자의 선정이 이루어지지만, 그 과정에서 발주업체, 납품업체 간의 신용과 신뢰가 중요한 역할

13) 예시적이란, 이것이 전부가 아니라는 의미이다. (e)는 e 사업에서 사용되는 시장의 여건구성요소라는 의미이다.
14) 관계적 계약은 관계적 교환의 제도적 형식이다.

을 한다. 이 과정에 대한 평가에서 양 측 업체 간 또는 사원간의 인적관계가 정보교류에서 유리한 요소로 작용할 수 있고 이것이 선정과정에 영향을 미치는 계기를 제공할 수 있다. 동창관계 또는 개인적 친분관계는 이 과정에 개입된다.

신뢰관계는 언제나 계약에 영향을 미치는 중요한 요소이다. 그렇지 않은 경우가 거의 없다고 할 수 있다. 왜곡된 경우이겠지만, 계약관계가 최고경영자와 인척관계(cronyism)에 의해서 결정되기도 한다. 내구재의 구입에는 업체의 신뢰도가 언제나 중요한 결정요인이고, 심지어 편의점에서 잡화를 구입하는 경우에도 업체의 신뢰감이 구매결정에 영향을 미친다.

신뢰도를 재산권으로 평가하는 것은 불확실하고 불확정적이다. 특히 개인적 관계는 재산권 평가가 불확정적이다. 즉 p-q 체계에서 계측하고 표시하기가 어렵다. 다시 말하면, 억지로 가치를 평가를 한다고 해도 측정의 불안정성과 불확정성 때문에 유용한 의미가 없다고 할 수 있다. 제도적 또는 계약적 내용을 굳이 p-q 차원에 투영하여 측도를 정하려는 노력은 제도 또는 계약이 내포하는 수많은 정보를 잃어버리게 된다는 것을 의미한다.

## VII. p-q 체계와 (p-q, i) 체계[15)]

'가격-거래량' 으로 표시되는 경제학 분석의 영역, 즉, p-q 분석은 그 분석적 우수성에도 불구하고 표현능력에 있어서 제한적이다. 가격이란 재산권을 전제로 생성된 개념인데, 재산권이 설정되기 어려운 많은 경우가 존재하

15) 주석 8 참조.

며, 이미 언급된 바와 같이 관계적 교환과 시장교환은 인간사회의 생활 속에서 서로가 서로에게 필수적 보완요소로써 결합되어 생활을 만들어가고 있다.

재산권제도도 이 생활 속에서 만들어진 도덕규범, 관습 등 제도적 틀 안에서 만들어진 법제도이다. 재산권제도(광의로는 [그림 1]에서 표시하고 있는 바와 같이 계약, 관계적 계약 외 신뢰 등을 모두 포함한다)는 이미 언급된 바와 같이 인간 사회의 기회주의적 행태, 인지능력의 제한성으로부터 발생하는 갈등으로부터 개인의 재산을 지키기 위한 장치로 만들어 진 것으로 역사적 연원을 가지고 진화해온 결과이다.

이 재산권제도는 시대마다 사회마다 다른 모습을 하고 있다. 재산권제도의 내용에 따라 시장교환과 관계적 교환의 내용과 구성이 달라진다. 예컨대, 조선시대의 재산권제도의 불완전성을 21세기의 재산권제도와 비교해본다면 그 사회상이 얼마나 다를지 알 수 있다. 당시 상황에서 개인들의 기회주의적 행태, 인지능력의 미발달, 왕조 정치체제와 관료제도의 부패, 정부 관료의 무능력, 기본권, 재산권 부재 등의 사회여건은 관계적 교환에 보다 의존적 상황을 조성하게 된다. 그것도 신뢰에 기반을 둔 관계적 교환이라기보다 친소관계에 의존적 관계 설정으로 제도의 운영비용, 즉 거래비용이 높은 불안정한 p-q 체계라고 할 수 있다.

즉 경제의 모습을 표현함에 있어서 당시 재산권제도, 관계적 계약 등을 고려함이 없이 (가격, 거래량)만의 척도로 표현하는 것은 불완전할 수밖에 없다. (가격, 거래량)체계 (이후 p-q 체계)는 이것을 떠받치는 재산권제도를 기반으로 설정된 것이다. 즉 어떤 형태이든 재산권제도를 전제로 하지 않는 p-q 체계는 존재할 수 없다.

물론 어떤 재산권제도를 표준기준으로 임의 설정하고 기회가치(shadow value)를 추정해서 경제변수의 가격, 물량을 측정하면 못할 것은 아니겠지만 그것은 임의의 재산권제도에 의해서 결정된 것이며 재산권제도의 불완전성 정도를 반영하는 p–q 체계의 측정의 한계라는 문제에서 벗어날 수 없다.

코스(Coase)는 이 재산권제도의 차이를 '거래비용'(transaction cost)이란 개념을 도입하여 비용의 개념으로 파악하려 하였다. 거래비용 개념이 매우 함축적으로 재산권제도의 차이를 비용의 개념으로 계량하려고 시도하였다는 장점을 가지지만, 사회마다 다른 재산권제도를 비용개념으로 계량하려는 시도는 애당초 무리한 것으로 보인다. 재산권제도를 비용개념으로 파악한다면 그 비용은 p–q체계의 비용에 덧셈이 이루어지는 비용이 아니다. 그것은 각 재산권제도에 상응하는 다른 p–q체계를 의미할 뿐이다. 제도를 거래비용으로 파악하여 제도를 비교하기 위해서는 표준이 되는 제도가 있어야 한다. 그것은 불가능하다. 결국 제도는 제도 그 자체로 받아들여야 하며 p–q 체계에서 파악하려는 시도는 무모하다.[16), 17)]

- **정의 5 ((p–q, i) 체계)**: 재산권 제도 i를 전제로 하고 척도를 정한 p–q 체계를 말한다.

여기서 i는 물량적 척도(quantitative measure)를 의미하는 것이 아니고 어느 임의의 재산권 제도 체계를 의미하는 지수를 지칭한다.

16) 거래비용 영의 상황을 기준으로 삼을 수는 없다. 거래비용이 영이란 것은 제도가 없다는 것을 의미하기 때문이다. 거래비용 영과 정의 거래비용의 차이는 무와 유의 차이이며, 로봇사회와 인간사회의 차이이다.

17) 재산권제도의 차이를 비용개념의 척도로 비교하는 것은 불가능한 것으로 보인다. 그러나 경제의 활동성을 만들어내는 성과로 비교하는 것은 가능하다.

- **명제 2 (경제학 통합분석체계):** 설정 1-5의 기반 위에서 (p-q, i) 체계는 제도를 기반으로 하고, 설정 5(관계적 교환)과 명제 1(비즈니스 모델)을 근간으로 하며, 시장교환과 관계적 교환이 하나의 통합적 구성체를 이루어 통합경제를 분석하는 경제학 통합분석체계를 구축한다.

이 (p-q, i) 경제학 체계의 등장은 적어도 2개의 문제를 제기한다. 하나는 인덱스 문제이다. 재산권제도 체계 i는 그에 대응하는 (시장교환, 관계적 교환)의 구성(i)와 p-q 체계(i)를 만들 것이다. 재산권제도 체계 i에서 관계적 교환에 소요되는 비용형식으로 거래비용을 계산해낸다고 하더라고 이를 다른 재산권 체계 j의 p-q 체계의 거래비용과 직접 비교할 수 없다. 시장교환, 관계적 교환의 구성도 서로 다를 것이고 상대가격 체계도 다를 것이기 때문이다. 이것은 마치 전통적 인덱스 넘버 문제와 유사한 문제인 듯이 보인다.[18] 다른 문제는 이미 III절과 [그림 1]의 설명에서 소개한 관계적 교환의 생산가치를 계산해주는 문제이다.

재산권 제도 체계가 다른 두 사회의 비교분석은 관계적 교환의 생산가치를 포함해서 비교하지 않는다면 비교가 무의미한 것으로 보인다.[19] p-q 체계를 대체하는 (p-q, i) 체계의 도입이 주는 또 다른 의미는 명시적 제도개념의 도입으로 개념의 혼란을 방지하는 데 있다.

임의의 재산권 개념을 설정하여 재산권 제도가 서로 다른 체계를 하나의 p-q 분석 체계로 파악하려고 할 경우, 문제는 이렇게 인위적으로 설정된 재산권 체계를 기준으로 만들어진 p-q 분석체계가 실제로 불확실한 또는 불

18) 이것은 Laspeyres와 Paache 인덱스 문제임.

19) 이 (p-q, i) 경제학 체계는 수요곡선과 공급곡선으로 표현되는 비교균형분석은 아닐 것으로 보인다. 제도가 도입된 상황에서 비교균형분석은 불안정할 것으로 보인다.

확정적인 가치척도를 확정적 현상인 양 오도된 인식을 유발할 위험이 존재할 것이기 때문이다.

제도가 분석적 차원에서 도입된 경제학 분석체계 (p-q, i)는 p-q 분석체계의 불확실성, 불확정성을 명시적으로 파악한다. 현실적으로 사업심(entrepreneurship)은 이러한 불확정적 재산권제도, 개인의 기회주의 행태, 인간 인지능력의 제약이란 혼란스러운 환경에서 경제적 활동을 하는 것을 말한다. 즉 대부분의 경제활동은 사업심에서 비롯된다. 그럼에도 불구하고 p-q 분석으로 일관된 경제원론에서 사업심은 설 자리가 없다.[20)]

## VIII. 결론

인간사회는 생존을 위한 투쟁으로 점철된 혼란 상태에서 벗어나지 못하는 특징을 지닌다. 개인의 기회주의적 행태, 인지능력의 제한성은 인간사회의 분쟁과 혼란의 근본원인요인이다. 인류의 역사는 이 상황에서 개인의 안전과 재산권을 지키기 위한 투쟁의 역사였다.

이 사회상황에서 개인이 자신을 지키고 복지를 도모하기 위한 기본적 행위는 다른 개인들과 관계적 교환 관계를 이룩하는 것이었다. 예나 지금이나 관계없이 관계적 교환관계는 인간사회의 기본질서인 것이다. 관계적 교환관계는 인간만이 만들어 낼 수 있는 지적 행위 이다. 이 과정에서 언어, 문자, 도덕 등이 발전하였고 물질문명이 싹틀 수 있었다.

---

20) 경제원론에서 사업심 개념은 이론의 중심개념이 아니고, 기껏해야 슘페터와 함께 소개되는 에피소드로 간단히 취급되고 있을 뿐이다.

재산권은 근세에 확립된 제도이다. 재산권의 확립은 기본권을 전제로 하는데 그것은 근대 자유주의의 산물이기 때문이다. 재산권의 도입으로 시장교환이 가능해졌고, 사회적 전문화, 분업화가 가능해졌다. 산업혁명은 이 결과 발생하였다.

시장교환과 관계적 교환은 서로가 서로를 규정하는 복합체로써 경제 질서를 이룩하고 있다. 지금까지 경제학은 분석의 대상을 시장교환에만 국한함으로써 경제 전체의 모습을 보는 데 실패하였다. 관계적 교환을 재산권의 설정이 안 되는 대상에 대해서 이루어지는 것으로 재산권제도를 반영하고 있다.

재산권제도의 특징은 불완전하다는 것이다.

특히 신규사업의 개념으로 본다면 재산권제도는 언제나 불완전하다. 이 불완전성에서 사업심이 등장하게 된다. 사업가는 불완전한 재산권제도의 틀에서 시장기반구성요소를 이용하여 수익성 사업, 즉 비즈니스모델을 발진한다. 어느 시장교환도 그에 수반하는 관계적 교환으로부터 분리된 시장교환을 없다. 즉 모든 비즈니스모델은 그와 결합된 관계적 교환을 수반하고 있다.

주류경제학의 p-q분석은 제도적 차원에 대한 파악에 실패하고 있다. 제도를 파악함에 있어서 비용의 개념으로 가격개념에 덧셈으로 계산하고 있다. 거래비용이 p-q체계의 비용에 더하는 개념이어서는 안 된다. 영이 아닌 거래비용이 있다는 의미는 p-q체계가 임의의 재산권제도 i에 대하여 상응하는 각각 구분된 p-q체계로 각각 다르게 존재한다는 것, 즉, (p-q, i)체계로 존재한다는 것을 의미하는 것으로 파악하여야 한다. 다른 재산권 체계는 그에 상응하는 다른 p-q체계가 대응될 수 있을 뿐이며 p-q체계를 분석의 중심에 두고 거래비용 절대값만으로 서로 다른 재산권 체계를 비교할 수 없는 것이다.

이 연구에서는 제도를 분석 차원에 포함하여 시장교환과 결합한 관계적 교환의 통합적 메커니즘에서 경제운용의 시스템을 파악하고 있다.

## 참고문헌


이성섭 (2007), 「개인과 집단간의 연결고리로서의 제도」, 『제도와 경제』1권 1 호, 5-15.

이정모 (2008), 「제한적 합리성 및 인지과학의 변화 흐름이 인지경제학 전개에 주는 시사」, 『제도와 경제』2권 1호, 65-92.

Bendor, Jonathan B., Sunil Kumar, and David A. Siegel (2009), "Satisficing: A 'Pretty Good' Heuristic," *The B. E. Journal of Theoretical Economics*, Vol. 9, Issue 1(Advances), Article9.

Coase, R. (1937), "The Nature of the Firm," *Economica* n.s., 4 (November1937).

________(1960), "The Problem of Social Cost," *The Journal of Law and Economics*, 31-44, The University of Chicago Press.

Demsetz, Harold(1967), "Toward a Theory of Property Rights," *American Economic Review*, LVII(2), May, 347-59.

____________(1968), "The Cost of Transacting," *Quarterly Journal of Economics*, LXXXII(1), 33-53.

Furubotn, Erik G. and Rudolf Richter(1997), *Institutions and Economic Theory*, The University of Michigan Press.

Hardin, Garrett (1968), "The Tragedy of the Commons," *Science* 162, 1243-8.

F. A. Hayek(1973), *Law, Legislation, and Liberty*, University of Chicago Press.

_________(1988), *The Fatal Conceit: The Errors of Socialism*, University of Chicago Press.

Kahneman, D.(1994), "New Challenges to the Rationality Assumption," *Journal of Institutional and Theoretical Economics* 150: 18-36.

Israel M. Kirzner(1973), *Competition and Entrepreneurship*, University of Chicago Press.

Dennis C. Mueller(2003), *Public Choice III*, Cambridge.

Macneil, I. R. (1978), "Contracts: Adjustment of Long-Term Economic Relations under Classical, Neoclassical, and Relational Contract Law," *Northwestern University Law Review* 72, 854-905.

Mancur Olson (1965), *The Logic of Collective Action: Public Goods and the Theory of Groups*, Harvard University Press.

Elinor Ostrom (1990), *Governing the Commons: The Evolution of Institutions for Collective Action*, Cambridge University Press.

Rhee, Sung Sup (2009a), 'Fundamental Coase Theorem and Institutional World of Non-Zero Transaction Cost', 2009 Annual Meeting of Asian Law and Economics Association, June 20-21, 2009, Seoul, Korea.

_____(2009c), "Institutions and Entrepreneurship," 2009 KIEA Conference on Institutions and National Competitiveness, The GSIS of the Seoul National University.

J. A. Schumpeter(1934), *The Theory of Economic Development,* 12th printing (2006), Transaction Publishers.

Simon, H. A.(1957), *Models of Man*, New York: Wiley.

_________(1987), "Bounded Rationality," In J. Eatwell, M. Milgate, and P. Newman, eds., *The New Palgrave: A Dictionary of Economics*, 1:266-68. London: Macmillan.

Weber, M.(1968), *Economy and Society: An Outline of Interpretative Sociology*, edited by G. Roth and C. Wittich, Berkeley: University of California Press.

# 7 제도와 사업심(entrepreneurship) 경제학[1)]

## I. 서 언

제도의 발전은 그때 그때 필요에 의해서 사회구성원들의 합의에 의하여 이루어지는 것이다. 한 사람의 계획에 의하여 만들어지는 것도 아니다. 따라서 제도변화에 일관성이 있을 수 없다. 무수히 많은 제도들이 생겨나고 사라지는 과정은 진화론적 변화라고 밖에 볼 수 없다. 따라서 모든 제도를 관통하는 일관된 재산권 체계를 설정한다는 것은 애당초 비현실적 가설이다.

이러한 제도여건에서 경제주체의 경제활동은 어떻게 만들어지고 운용되는가? 이것이 이 연구의 테마이다.

1) 『제도와 경제』 3권2호, 37-60쪽, 필자 동일 제목의 논문(2009)에서 전재.

돌파구는 슘페터의 사업심(entrepreneurship)에서 제공된다. 사업가의 비즈니스 모델은 그와 관련된 제도를 묶어서 재산권 관계를 구축하게 된다. 이것이 또한 제도발전의 경로의존성으로 연결된다. 이 연구에서는 신고전학파 경제이론에 대한 다른 선택적 분석으로 제도가 중심적 실체로 이론분석의 기반을 이루는 사업심 경제학 분석의 가능성이 모색된다.

II 절에서는 공리주의 체계에서 제도 개념 결핍이 지적되고 제도의 실체적 중요성이 논구된다. III 절에서는 제도구도에서 시장, 민간영리조직, 공공조직, 비즈니스 모델, 거래비용이 설명된다.

IV 절에서는 재산권제도의 불완전성에서 사업가에 의하여 비즈니스 모델이 도입되는 과정이 설명된다. 사업심 경제학 분석이 신고전학파 경제분석과 양립될 수 없는 사정이 설명된다. V 절에서는 비즈니스 모델에 의하여 새로운 제도가 도입되는 과정과 이것이 다시 이 부문 사업의 성장을 유도함으로써, 제도변화의 경로의존성이 확립되는 과정이 설명된다. 한국의 통상정책과 사업서비스 공급정책의 사례가 이 가설을 뒷받침하고 있음을 설명한다. VI 절에서는 결론이 요약된다.

## II. 제도의 실체적 중요성

### (1) 공리주의의 정의 (justice)논쟁[2)]

코스(R. Coase)의 가장 중요한 업적은 신고전학파의 경제이론에서 제도를 생각할 수 있는 사고의 틀을 제공하였다는 것이다. 거래비용(transaction

2) J.S. Mill, Utilitarianism, ch.5 참조.

cost)은 신고전학파 경제이론과 제도를 잇는 고리라고 할 수 있다. 코스 이전에는 제도가 고려되지 않은 구도에서 복지를 논할 수밖에 없었다. 따라서 경제분석이 현실과 유리되어 진행되는 폐단이 자주 발생한다.

예컨대, 보통법(common law) 국가들이 대륙법(code law) 국가들보다 높은 경제성장율을 보이고 있다는 연구결과가 나왔다고 하자. 그렇다고 한 순간에 한 국가의 법질서가 대륙법체계에서 보통법체계로 전환될 수 있는 것이 아니다. 제도의 변화는 그 자체대로 변화의 논리와 현실이 존재하는 것이다.

실체는 제도이지 경제분석이 아니다. 이 문제를 부각하기 위하여 공리주의의 정의논쟁을 소개한다.

공리주의(utilitarianism)의 정의(justice)논쟁은 정의A와 정의B가 경쟁적 관계에서 선택되어야 할 때, 공리(utility)의 크기가 판별기준이 되어야 한다는 주장에 대한 논쟁이다. 즉,

If utility(justice A) 〉 utility(justice B), then justice A 〉〉 justice B (1)

정의A의 공리가 정의B의 공리보다 크면, 정의A가 정의B 보다 선호되어야 한다는 것이다. 공리주의는 경제학의 이론적 주춧돌이며 논리(1)의 명제는 복지경제학의 철학적 기반이라고 할 수 있다.

이 명제에서 빠져 있는 것이 제도이다.

이 문제를 부각하기 위해서 정의A(또는 B)를 A(또는 B)에게 책임(liability)을 부과하는 제도구조라고 치환하여 문제를 다시 보기로 하자. 그러면, 논리(1)은 다음 논리(2)와 같이 된다.

If utility(liability A) 〉 utility(liability B), then liability A 〉〉 liability B (2)

A에게 분쟁책임(liability)을 부과하는 제도구조(차후 L-A 제도구조라고 부르기로 한다)의 공리(또는 복지)가 B에게 분쟁책임을 부과하는 제도구조(차후 L-B 제도구조라고 부르기로 한다)의 공리보다 크면, 전자의 제도구조가 후자의 제도구조 보다 선호 되어야 한다는 것이다.

논리(1)에서 보다 논리(2)에서 공리주의 방법론의 문제점은 극명하게 드러난다. L-A 제도구조로부터 L-B 제도구조로 이행은 마찰 없이 이루어 질 수 없는 것이다. 이 마찰의 장애를 코스는 거래비용이라는 관점에서 파악하였다.

이 마찰의 장애는 관련된 경제주체 간에 이해관계가 얽혀 있는 갈등 문제를 포함하고 있을 수 있으며, 이 갈등을 다루는 과정에서 생겨난 역사적 배경을 포함할 수 있다. 다시 말하자면 간단히 해결될 수 있는 문제가 아닐 수 있다는 말이다. 때에 따라서 현재 주어진 제도구조를 새롭게 바꾸는 과정은 영원히 극복될 수 없는 마찰의 장애에 의하여 가로막혀 있을 수도 있는 것이다.

공리주의의 분석은 이러한 제도적 역사적 배경과 정치적 현실을 모두 무시해버리고 있다. 즉 공리주의 사회과학 방법론은 과학적 정치성에도 불구하고 현실과 괴리되는 분석과 결론에 이르게 된다는 본질적 문제점을 가지고 있다.[3)]

### (2) 거래비용과 제도의 실체적 중요성

코스는 Coase(1988) 6쪽에서 거래비용 개념을 정리해놓고 있다. 이 정의의 내용은 제도의 개념이다. 즉, 각종 제도의 틀 속에서 정의 되고 운용되는, 가격을 매개로 한, 시장의 교환거래체제를 설치하고 운용하는데 소요되는 비용이다.

3) 신고전학파의 경제분석은 공리주의와 함께 방법론적 개인주의에 기초하고 있다(이성섭 2007).

● **Definition TC(거래비용)**: 시장의 가격거래제도를 사용하는 데 소요되는 비용

또한 Coase(1988)은 달만(Dahlman 1979)을 인용하여 거래비용 개념을 구체화하고 있다. 즉, 거래비용은 대체로 "검색 및 정보비용(search and information costs), 바겐과 의사결정 비용(bargaining and decision costs), 그리고 감시와 법집행 비용(policing and enforcement costs)"으로 구성되어 있다.

거래비용 개념을 구체화 하기 위하여, 특정 시장거래의 비용 구조를 살펴보자.

Cost [BM(i), Actor(ij)] = TC [BM(i), Actor(ij)] + PC [BM(i), Actor(ij)] (3)

식(3)에서 시장거래의 비용이 생산비용 PC와 거래비용 TC으로 구성되어 있다. BM(i)은 나중에 Definition BM(비즈니스 모델)에서 보다 체계적으로 정의 되고 있지만, 여기서는 단순히 i 번째의 비즈니스 모델을 지칭한다고 본다. Actor(ij)는 역시 나중에 비즈니스 모델 BM을 만들어 운용하는 사업가(entrepreneur)로 등장하지만, 여기서는 단순히 이 i 번째 비즈니스 모델에 관계된 j 번째의 경제주체를 지칭한다.

식(3)은 거래비용과 생산비용이 비즈니스 모델 BM(i) 뿐만 아니라 그 비즈니스 모델과 관련된 특정 경제주체 Actor(ij) 별로 다르게 정의된다는 것을 표시하고 있다.[4]

TC [BM(i), Actor(ij)] 〉 0 (4)

---

4) 비즈니스 모델 BM(i) 뿐만 아니라 그 비즈니스 모델과 관련된 특정 경제주체 Actor(ij) 별로 다르게 거래비용을 정의하는 본 논문의 정의 방식은 이를 구분하지 않고 있는 종전의 거래비용의 정의방식과 구분된다고 할 수 있다.

식(4)는 비즈니스 모델 BM(i)과 그 비즈니스 모델과 관련된 특정 경제주체 Actor(ij)의 비즈니스의 거래비용이 정(+)의 값을 가진다는 것을 표시하고 있다.

거래비용이 정(+)의 값을 가진다는 것은 무엇을 의미하는가?

거래(bargaining)가 부드럽게 이루어지지 않는다는 것을 말한다. 그 원인은 제도에 의해서 관련된 경제주체 간에 책임관계(liability position)가 설정되어 있고, 이 책임관계를 경제주체 간에 재 구성하는 거래(bargaining)가 이루어지는 데 장애가 존재한다는 것을 말한다.

예컨대, 경제주체의 기회주의적 행동(opportunistic behavior)이 장애의 내용이라면, 경제주체 중에 누구에게 더 큰 책임을 부과하느냐에 따라 공동체 전체의 복지수준은 달라지게 된다. 즉 기회주의적 행동으로 경제주체 간에 책임관계를 변화시키는, 즉 파레토 복지향상을 도모하는 거래가 잘 이루어지지 않기 때문이다.

이것은 거래비용이 영이 아니면, 제도의 구성형태가 실체적 중요성을 갖는다고 하는 결과를 낳는다.

## III. 제도와 거래비용

### (1) 시장과 안정적 거래비용

제도는 시장의 거래활동에 기반을 제공하는 재산권제도와 같은 시장제도가 있는가 하면 정부규제와 같이 시장 거래활동에 장애가 되는 마찰적 제도도 있다. 시장의 안정적 거래활동은 시장제도가 그것을 가능하게 하는 제도

기반을 제공하는 범위에서 작동한다. 이러한 시장제도의 환경에 의해서 거래비용은 결정된다고 할 수 있다.

예컨대, 증권시장을 보자. 증권시장에서 증권거래는 일정한 거래세와 수수료만 지불하면 거래에 따르는 다른 마찰 장애를 염려하지 않고 거래가 이루어진다. 이때 거래비용은 거래세와 수수료의 범위에서 수용되고 있다고 볼 수 있다.[5)]

물론 증권시장의 안정적 거래를 저해하는 불완전한 정보공급, 정보의 비대칭, 내부자 거래 등의 구조적 문제가 존재한다. 그러나 증권거래법 등의 운영을 통하여 이러한 구조적 문제를 안정적 시장거래가 가능한 범위 안으로 억제 수용하고 있다.

표준상품시장의 정가판매 거래의 경우도 마찬가지이다. 안정적 시장거래가 이루어지고 있다. 표준상품이 공급되기까지 많은 시장거래, 비시장거래가 이루어지고 바겐도 진행되지만, 이 거래비용은 시장의 거래가격 범위 안에서 억제되고 수용된다. 그렇지 않고 지나치게 높은 거래비용을 수반하는 상품공급은 시장에서 거래될 수 없다. 즉 시장의 경쟁이 높은 거래비용을 수반하는 상품공급을 시장에서 자동적으로 배척해버리게 된다.

이렇게 보면 모든 시장의 거래활동이 바로 안정적 거래비용으로 뒷받침되고 있음을 알 수 있다. 소유권을 규정하는 재산권, 소유물의 교환을 규정하는 계약, 그리고 이들 제도의 공공적 운영을 규정하는 불법행위(tort) 등의 제도에 의해서 시장의 안정적 거래가 보장된다.

---

5) 증권시장을 지탱하는 증권거래소의 설립과 운영, 회원사제도의 운영, 회계감사제도의 운영, 증권거래법 운용 등의 소요비용을 대체로 거래세와 거래 수수료로 파악한다.

● Definition Stable TC(안정적 거래비용): 가격거래활동에 참가하는 시장 거래의 거래비용을 안정적 거래비용이라고 정의 한다.

〈그림1〉은 사회가 민간부문과 공공부문으로 구성되어 있으며, 민간부문은 자발적 선택(private choice)에 의해서 운영되는 시장(market)과 민간영리조직(private organization)으로 구성되어 있음을 보여준다. 각 부문의 조직의 구성과 운영을 정하고 있는 것이 제도이다. 민간부문을 움직이는 것은 자생적 질서(spontaneous order)이며, 공공부문은 공적행정통치(public governance) 또는 공직자의 지대추구(rent seeking)행위에 의해서 운영된다.

**[그림 1] 제도, 공공선택, 자발적 선택, 거래비용**

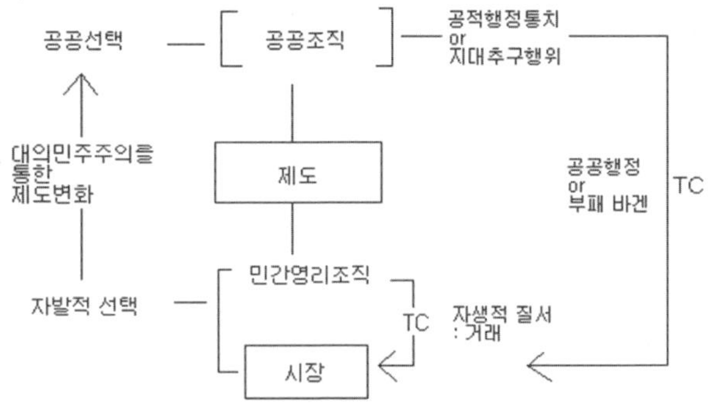


주: TC : 거래비용

시장의 거래활동은 그 배경을 추적해보면, 기업과 같은 민간영리조직과 연결되어 생산활동이 이루어지거나 많은 경우 생산 공급 과정에서 공공조직(public organization)과 연결되어 생산 공급활동이 이루어진다.

민간영리조직은 자발적 바겐(bargaining)이란 형태로 영리사업을 통하여 시장거래에 참여한다. 민간영리조직과의 자발적 바겐은 거래비용을 발생시킨다. 민간 비영리단체, 정부 등 공공조직은 공공행정의 서비스를 통하여 민간영리사업에 연결되고 시장거래에 참여한다. 공공행정의 경직성으로 결핍된 공공서비스는 공직자의 지대추구행위와 연결되는 부패바겐(bribery bargaining)을 통하여 시장거래에 서비스를 제공한다. 이 과정에서 거래비용이 발생한다.

민간영리조직의 자발적 바겐이든, 공공행정서비스 또는 부패바겐을 통한 공공행정서비스이든, 여기에서 발생하는 거래비용은 그것이 시장의 거래활동에 연결되는 한 안정적 범위값(range)에 억제 수용되고 있다고 할 수 있다. 그 범위값을 벗어나는 거래비용은 시장의 거래활동으로 연결되지 못하고 그것과 관련된 민간영리사업의 사업성을 망치게 된다고 할 수 있다.

여기서 거래비용은 그것이 시장의 거래활동에 연결될 수 있는 한, 안정적 범위값에 수용되고 있다고 보고, 거래비용이 시장의 거래활동에 연결될 수 없을 정도로 크거나 불안정한 경우, 안정적 범위값에 제한 수용되지 못한다고 본다. 전자를 안정 거래비용, 후자를 불안정 거래비용이라고 지칭하기로 한다.

### (2) 제도구도에서 파악한 비즈니스 모델과 거래비용

〈그림2〉는 제도구도에서 비즈니스 모델과 거래비용의 상징적 이메지를 파악하고 있다. 사회를 구성하는 조직질서를 시장조직, 민간의 자발적 조직, 공공조직으로 나누어 파악하고 있다. 제도가 이들 조직의 구조를 만드는 기반이다.

시장조직 안에서는 가격거래가 이루어진다. 가격거래는 거래비용이 가장 적게 드는 거래유형이다. 예컨대, 주식과 같은 증권시장의 유가증권거래가 대표적인 사례이다. 정가판매의 상품시장도 여기에 속한다. 〈그림2〉에서는 증권거래가 시장조직의 원 안에 속한 낮은 높이의 블록으로 표현되어 있다. 낮은 높이는 증권거래의 거래비용이 낮음을 표시한다.

민간의 자발적 조직에는 민간의 모든 자발적 계약행위가 포함된다. 여기서는 가격거래는 아니지만 자발적 바겐거래가 이루어진다. 일반적으로 말해서, 가격을 매개로 한 가격거래에 비하여 높은 거래비용을 필요로 한다. 가격거래가 명시적으로 공개된 가격으로 거래가 이루어지는 데 비하여 바겐거래는 당사자간 합의에 의하여 계약이 이루어짐으로 정보 비대칭 문제, 기회주의적 행동의 문제 등을 내포하고 있다.

공공조직은 정부의 통치행위에 의해서 만들어고 운영되는 중앙-지방정부, 공공단체, 공기업 등이다. 〈그림1〉의 공적행정통치(public governance)행위, 공무원, 공직자의 지대추구행위 뿐만 아니라, 이 영역의 통치에 참여하는 민간활동, 예컨대 정치행위 등이 여기에 속한다. 공공선택(public choice)행위이다. 그림에는 오바마 대통령 만들기 프로잭트를 예로 보여주고 있다. 예컨대, 한미자유무역협정을 채결하는 법안을 제정하는 프로잭트도 여기에 속한다.

공공선택의 행동은 가장 높은 거래비용을 유발하는 경향이 있다. 예컨대, 오바마 대통령 만들기 프로잭트의 활동 대부분, 즉 선거비용은 거래비용 유발활동(민주 공화 양당의 선거캠페인 경비)이라고 볼 수 있다.

[그림 2] 제도구도에서 파악한 비즈니스 모델과 거래비용

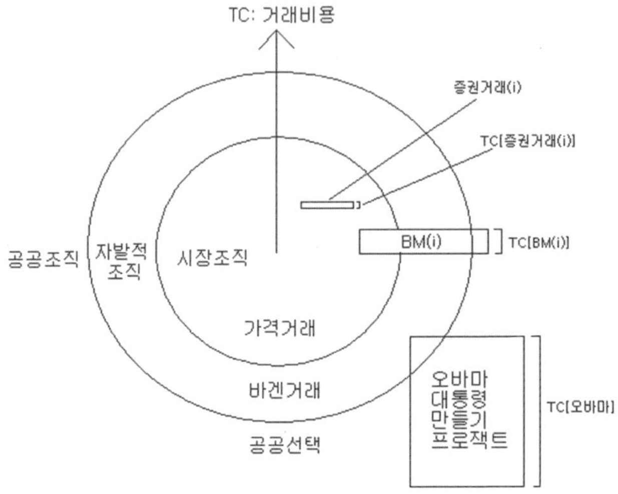


일반적인 비즈니스 모델은 어느 한 조직에만 속한 활동이라고 하기 보다 각 조직에 속한 여러 종류의 거래활동의 복합활동이라고 할 수 있다. 그 비즈니스 모델이 공공조직에 속한 활동을 많이 포함할수록 거래비용은 증가한다. 반면, 시장조직에 속한 거래활동에 국한 되면 낮은 거래비용을 유발한다.

제도변화가 비즈니스 모델로 하여금 시장조직 방향으로 거래를 증가시키고 공공조직에 속한 거래활동을 감소시키는 형태로 이루어지면 이 사회의 비즈니스의 거래비용을 감소하는 경향을 보이게 된다.

## IV. 재산권제도의 불완전성과 불안정한 거래비용

### (1) 불안정한 거래비용의 세계

임의로 다음과 같은 가설을 설정하고 이 가설들의 현실성을 논구함으로써 거래비용에 영향을 미치는 요인들을 살펴보기로 한다.

- **HT 1 (재산권 제도의 완전성):** 재산권 제도가 시장거래활동에 완전한 제도 환경구도를 제공한다.

각종 제도에 포함되어 있는 재산권제도의 내용에 불확실한 요소가 남아있지 않다는 의미이다. 즉 재산권의 귀속(property)과 거래(contract) 그리고 재산권 공공적 운영의 효율성 관리(tort)과정에서 재산권 정의가 일관적이지 못하거나(inconsistent) 불완전한(incomplete) 상태로 남아있지 않다는 말이다. 재산권이 설정되어 있지 않은 부분도 존재하지 않는다는 것이다.

이 가설은 비현실적이라고 볼 수 있는 강한 가설이다.

예컨대, 부동산 시효제도는 재산권 분쟁에 단초를 제공할 수 있다. 상가나 주거용 건물의 재건축에서 세입자의 영업권, 전세권을 둘러싼 분쟁, 은행의 대출계약 약관상의 의무조항 위반에 따른 재산권 훼손, 수출의무 이행 시 계약사항 위반에서 발생하는 클레임 분쟁, 방대한 불법행위 규정에서 불확실한 재산권 훼손의 가능성 등 사례는 수미일관 일관적인 재산권제도 또는 불확실한 요소가 남아있지 않은 재산권제도라는 가설 HT 1 이 얼마나 현실과 동떨어진 것인지를 말해준다. 현실적으로 거의 모든 재산권은 그것과 관련된 재산권 훼손 가능성을 동시에 가지고 있다고 할 수 있고, 그 분쟁을 사전에 예측한다는 것은 쉽지 않다고 해도 과언이 아니다.

- **HT-IPR (재산권 제도의 불완전성)**: 재산권 제도가 시장거래활동에 불완전한 제도환경구도를 제공한다.

HT 1 (재산권 제도의 완전성)과 HT-IPR (재산권 제도의 불완전성)은 상호배반적 상황을 상정하고 있다.

- **Proposition 1 (재산권 제도의 불완전성)**: 불완전한 재산권제도는 거래비용을 증가시키는 경향이 있다.

Proposition 1 은 약한 주장으로 기술되어 있다. 약한 주장만으로도 개별 시장거래에서 거래비용의 불확실성이 발생한다고 보기 때문이다. 달만의 정의에 따라, 불완전한 재산권제도는 확실히 바겐과 의사결정 비용 또는 경찰과 법집행 비용을 증가시켜 거래비용을 증가시킬 것으로 보인다.

- **HT 2 (의사결정의 합리성)**: 시장의 경제주체는 주어진 정보에서 최적화(optimization)에 따른 합리적 의사결정을 한다.

이 가설은 신고전학파 경제학의 기본가정이다. 그러나 이 가설을 채택한다고 하더라도 Proposition 2에서 논의되는 경제주체 간의 기회주의적 의사결정구조를 배제할 수 없다는 구조적 문제 때문에 그리고 HT-BR (의사결정의 제한적 합리성)에서 채택하는 인간의 인지한계(cognizance limit) 문제 때문에 거래비용 안정성이 훼손될 수 있는 가능성을 배제할 수 없다.

- **HT-BR (의사결정의 제한적 합리성)**: 시장의 경제주체는 주어진 정보에서 작은 성과에 만족하는(satisficing) 제한적 합리성 의사결정을 한다.

- **Proposition 2 (기회주의적 의사결정 구조)**: 경제주체 간의 기회주의적 의사결정 구조(opportunism)는 시장의 거래비용을 증가시키는 경향이 있다.

정보의 불충분(implicit contract, Akerlof 1982; relational contract, Williamson 1985), 정보 비대칭(agency theory, Jensen and Meckling 1976; Fama and Jensen 1983), 경제주체의 기회주의적 행태(holdup, Alchian and Woodward 1988; moral hazard, Williamson 1985) 등의 현상은 거래비용을 증가시키며 안정성을 훼손하게 된다.

- **Proposition 3 (의사결정의 제한적 합리성): 경제주체의 인지적 한계와 제한적 합리성은 시장의 거래비용을 증가시키는 경향이 있다.**

인지과학(cognitive science)의 연구는 인간 인지능력의 한계(cognizance limit)를 분명하게 지적하고 있다(Simon 1957, Kahneman 1994, 이정모 2008). 예컨대, 군집심리행태(herd behavior, Shiller 1981)는 거품현상을 낳을 수 있으며, 거래비용을 증가시킨다.

Proposition 1-3은 거래비용이 불안정한 범위값(range) 값에 이를 수 있는 구조적 근거를 제시하고 있다. Definition Stable TC(안정적 거래비용)에서 정의되고 있는 바와 같이, 시장에서 거래되는 비즈니스의 거래비용을 안정적 거래비용이라고 한다면, 제도와 경제주체의 인지구조 상 본질적으로 내재하는 Proposition 1-3의 거래비용 불안정성은 시장의 거래기능을 위협하는 존재라고 할 수 있다.

이러한 구조적이고 본질적 위협 속에서 시장의 거래활동은 어떻게 진행되는 것인가?

이 제도적 장애를 극복할 수 있는 방법은 무엇일까? 슘페터(J.A. Schumpeter)의 사업심(entrepreneurship) 개념은 제도장벽에 가로막혀 출구를 찾지 못하는 역사학파, 제도인식의 결핍이라는 구조적 장애를 안고 있는 한계효용분석(C. Menger), 그리고 그 이후 발전되는 오스트리안 접근방법에 공통의 출구 역할을 제시하는 것으로 보인다. 제도구조의 변화를 여는 돌파구를 사업심에서 찾을 수 있는 것이다.(Schumpeter 1934)

### (2) 불완전한 재산권제도와 비즈니스 모델

〈그림3〉은 시장의 경제주체들이 경제주체 모두에게 동일하게 적용되는 공통의 시장제도의 틀(그림에서 외곽원으로 표시되어있는)을 형상화하여 그려놓고 있다. 외곽원에 잘라진 틈이 없다는 점은 제도의 재산권이 정의되지 않은 부분이 없다는 것을 형상화하고 있다. 즉 분쟁의 소지가 없다는 말이다. 이것은 일반적 신고전학파의 경제이론에서 ceteris paribus조건이 상정하는 제도환경이다.

**[그림 3] 완전한 재산권제도가 보장된 시장제도**

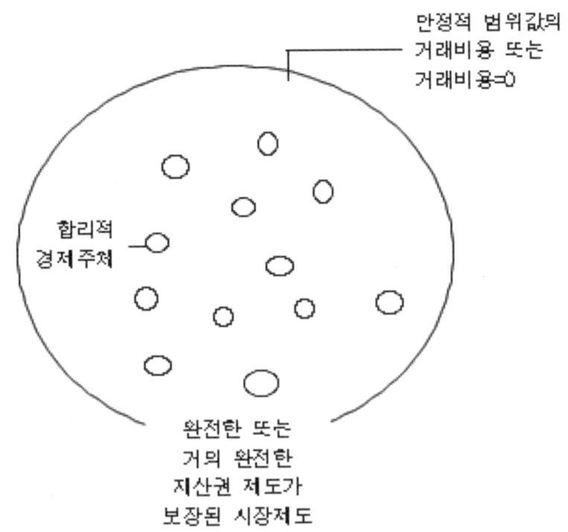

설사 재산권 제도에 완전치 못한 부분이 있다고 하더라도, 거래비용이 안정적 범위값을 벗어나지 않기 때문에 분쟁의 범위와 가능성을 예측할 수 있어서 시장 가격을 매개로 한 거래가 가능한 경우이다. 물론 엄격한 의미의 ceteris paribus조건이 지켜질 수는 없더라도 그 조건에서 크게 벗어나지 않는 상황이 유지되는 경우이다.

그러나 현실적으로 이러한 제도환경은 존재하지 않는다. 현실은 HT 1(재산권 제도의 완전성)이 아니라 HT-IPR (재산권 제도의 불완전성)이고 또한 여기에 HT-BR (의사결정의 제한적 합리성)이 추가되어 있다.

이러한 제도환경 HT-IPR (재산권 제도의 불완전성) 및 인지적 한계 HT- BR (의사결정의 제한적 합리성)가, 시장의 거래활동은 어떤 모습으로 이루어지게 되는가? 우선 시장의 경쟁적 조건을 고려할 필요가 있다.

제도환경 및 인지적 한계에 따라 (Proposition 1-3) 개별 거래활동의 거래비용이 증가할 수 있다는 점을 생각할 때, 거래비용의 상승은 개별 거래활동의 비용을 상승시켜서, 그 거래활동이 시장에서 퇴출될 수 있다는 압박을 느끼게 된다. 또한 동시에 제도환경의 불완전성을 이용하여 다양한 사업유형을 창출하여 사업을 추진하게 된다.

결국 개별 거래활동 단위(여기서는 이것을 비즈니스 모델이라고 정의한다)들은 각각 자신들의 방식으로 사업을 디자인하고 추진해나가게 된다.

- **Definition BM (비즈니스 모델):** HT-IPR (재산권 제도의 불완전성) 여건에서 그리고 제도환경 Proposition 1-3 시장경쟁 여건에 처하여, 개별 사업가(entrepreneur)가 개별적 방식으로 사업심(entrepreneurship)을 구현하는 것을 비즈니스 모델(BM)이라고 정의한다.

● **Definition EP (사업별 재산권):** 사업가가 비즈니스 모델(BM)의 실현을 통하여 그 사업(enterprise)의 재산권을 형성하는 것을 가능하게 한다.

〈그림4〉은 불완전한 재산권제도의 구조적 환경에서 인지적 한계를 가진 경제주체들이 사업심(entrepreneurship)을 발휘하여 비즈니스 모델을 만들어 가는 과정을 형상화 하고 있다.

여기서 중요한 것은 개별 비즈니스 모델이 각각의 사업별로 서로 다른 제도그룹과 연관을 맺어 사업모델을 만들고 있다는 점이다. 즉 개별 비즈니스 모델은 그들 사업과 관련된 제도그룹이 서로 다르다. 따라서 식(1)에서 표시되는 바와 같이 각 비즈니스 모델 별로 거래비용은 서로 다르다. 사업모델 속에는 제도그룹 뿐만 아니라 다른 경제주체도 포함될 수 있다.

〈그림4〉에서 회색 블록들은 각각 서로 다른 제도를 가리킨다. 그림에서는 한 비즈니스 모델이 4개의 제도와 1개의 다른 경제주체를 포함하여 비즈니스 모델을 만들고 있음을 보여주고 있다.

참고로 이 사업심(entrepreneurship)-비즈니스 모델 경제학은 신고전학파 경제학의 균형분석과 일관된 이론체계를 구성할 수 없다는 점을 주지할 필요가 있다. 사업심(entrepreneurship)-비즈니스 모델 경제학에서는 시장의 경제주체, 즉 사업가 마다 서로 다른 제도그룹을 구성하고 있다. 즉 모든 비즈니스 모델과 공유되는 공통의 재산권제도가 상정되어 있지 않다. 따라서 신고전학파 경제학 균형가격분석의 ceteris paribus가정을 만족시킬 수 없다.

(제도적 또는 가격조건 등) 시장여건의 변화가 (같은 거래업종에 속한) 어떤 사업가의 비즈니스 모델에는 거래비용을 낮추는 효과를 줄 때, 같은 변화

가 다른 사업가의 비즈니스 모델에는 거래비용을 높이는 효과를 줄 수 있는 것이 HP-IP(재산권 제도의 불완전성)의 본질이다.

[그림 4] 개별적으로 분리되고 개체로서도 불완전한 재산권제도

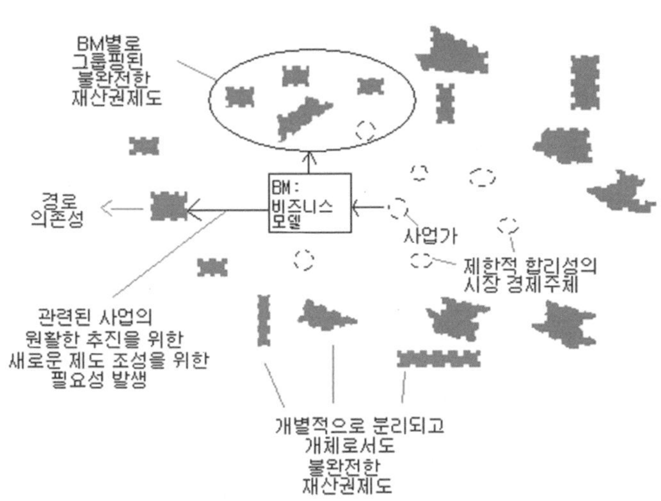


정보의 비대칭으로 발생하는 도덕적 위해(moral hazard), 대리인(agency) 문제, hold-out 문제 등을 내포한 제도환경 HT-IPR (재산권 제도의 불완전성)에서는 (제도적 또는 가격조건 등) 시장여건의 변화가 각 비즈니스 모델의 사업여건에 예측할 수 없는 효과를 주게 된다. 각 비즈니스 모델에 미치는 효과에는 순위이행성(transitivity) 또는 일관성(consistency)이 성립되지 않는다.

이 현상은 HT-BR (의사결정의 합리성)에 의해서 증폭된다.

따라서 가격과 거래량을 좌표축으로 하는 좌표대에서 제도여건의 변화에 따라 각 비즈니스 모델은 제 각각 다른 방향의 움직임을 보여주게 된다. 따

라서 각 비즈니즈 모델의 거래량을 모아 균형가격 분석체계를 만드는 작업은 실현이 불가능하다.

- Proposition 4 (사업심 경제학): 공급을 구성하는 것이 개별 비즈니스 모델이라는 점을 주지할 때, HP-IP(재산권 제도의 불완전성)은 신고전학파 경제학의 균형가격분석에 따른 균형가격으로의 수렴현상을 지원하지 않는다. HT-BR (의사결정의 합리성)에 의해서 이 현상은 증폭된다.[6)]

각 비즈니스 모델에 있어서 때로는 가격변수 보다 재산권 분쟁, 노사분쟁과 같은 제도변수의 움직임이 더 중요하다. 같은 종류의 업종이더라도 개별 사업가의 인적 커넥션, 인사관리, 혁신개발(innovation) 등 능력에 따라 전혀 다른 사업전망을 만들어 낼 수 있다. 이들에게 사업의 성공은 가격변수 보다 제도, 혁신개발 등의 변수가 더 중요할 수 있다.[7)]

## V. 경로의존성(path dependence)

### (1) 비즈니스 모델과 제도변화의 경로의존성

어느 사업분야에서나 처음에는 재산권제도가 발달되어 있지 않다. 그럼에도 불구하고 이 분야에 사업을 구상하여 이것을 시장거래로 만들어 내는 것이 사업가의 사업심이고 비즈니스 모델이다.

---

6) 이것이 시장에서 가격결정의 안정성을 부인하는 것은 아니다. 가격결정의 안정성은 균형가격에 의해서 만들어지는 것이 아니라 비즈니스 모델 간의 경쟁에 의해서 만들어 진다. 참조, 이성섭(2008), 한국의 중화학공업화정책 사례의 89쪽 [그림: 비즈니스 모델간 경쟁과 과정가격의 불확정성].

7) 제도변수를 주어진 조건으로 고정 시키고 가격변수에 초점을 맞추는 신고전학파 경제학 분석은 현실과 크게 다르다. 오히려 제도적 여건 변화에 초점을 맞추고 사업심(entrepreneurship)-비즈니스 모델에 분석의 비중을 실어주는 사업심 경제학의 설명이 보다 현실에 가깝다고 볼 수 있다.

재산권제도가 발달되어 있지 않으니 사업가의 인적 네트워크, 혁신적 발상(innovative idea) 등에 의해서 사업이 진행된다.

업종의 수익전망으로 유사한 종류의 사업이 반복될 경우, 어렵게 사업가 개인의 인적 네트워크에 의존하거나, 혁신적 발상으로 해결되던 (재산권) 제도 결핍 또는 제도 불완전성의 문제가 일반에 노출되고 제도적 보완의 필요성이 인식되기 시작한다. 이것이 새로운 (재산권) 제도가 생성되는 과정이다. 〈그림 4〉는 이 과정이 이메지로 표현되어 있다.

〈그림1〉에는, 새로운 (재산권) 제도의 생성을 필요로 하는 산업계의 또는 민간부문의 의사가 정부에 전달되는 공공선택의 의사전달 체계가, 사적 선택(private choice)에서 공공선택(public choice)으로 이르는 화살표로 형상화 되어 표현되고 있다.

사업심에 의하여 비즈니스 모델이 도입되고 유사한 사업이 반복되는 영역에 새로운 제도가 생성되는 것이다.

이렇게 생성된 제도는 더 많은 사업가와 사업의 창업을 낳게 되고 따라서 사업의 반복이 이루어져서 제도가 더 편리한 모습으로 발전하게 된다. 이렇게 되면 이 사업분야의 재산권제도는 다른 분야의 제도 보다 더 발전된 모습을 보이게 된다.( 〈그림 4〉 참조)

이것이 제도발전의 경로 의존성(path dependence)이다.

- **Proposition 5 (제도발전의 경로의존성)**: HP-IP(재산권 제도의 불완전성) 제도여건에서, 사업심에서 비롯된 비즈니스 모델이 반복됨에 따라 재산권제도의 불완전성을 보완하는 제도의 도입에 대한 필요성이 발생한다.

제도발전이 사업심에서 출발한다는 Proposition 5(제도발전의 경로의존성)의 추론은 중요한 경제정책적(normative) 의미를 가진다. 즉, 사업심에 의해서 견인되는 경제성장이 우선하면 시장제도의 발전은 뒤따르게 된다는 것이 그것이다. 개발도상국이 성공적 경제성장에 이르기 위해서 시장제도의 발전이 선행해야만 한다는 전통적 경제학자들의 주장과는 배치되는 내용이다.[8)]

### (2) 경험적 증거[9)]

이 연구의 핵심적 출발은 HP-IP(재산권 제도의 불완전성)이다. 이로부터 Definition EP(사업별 재산권)의 개념이 발생하였고, Proposition 4 (사업심 경제학)와 Proposition 5 (제도발전의 경로의존성)의 결과에 이르게 되었다.

이 연구에서는 Proposition 5 (제도발전의 경로의존성)에 대한 2개의 역사적 사례가 소개된다. 하나는 한국의 통상정책의 변화사〈그림5〉이며 다른 하나는 사법서비스에 대한 정부의 법조인 공급통계에서 나타난 정부의 사법서비스 공급정책〈그림6〉와 〈그림7〉이다.

〈그림 5: 통상정책 변천사〉는 1945년 한국의 해방 이래 1985년에 이르기까지, 통상정책 법제도의 주요내용이 되는 통상관계법 및 정부령을 찾아내어, 각각 자유화의 정도에 따라 완전통제에서부터 완전자유화에 이르기까지의 구분에서 개별법령이 어느 자유화의 정도에 위치 하는지를, 횡축을 연도, 종축은 자유화 정도로 표시하는 좌표대에, 각각 개별법령을 정성적으로 평가하여 표시하였다.

---

8) Krugman and Obstfeld(2009), *International Economics: Theory and Policy*, 8th edition, ch. 10 참조.

9) 〈그림 5,7〉은 이성섭(2008), 한국의 중화학공업화정책 사례에서 인용하고 있음을 밝힙니다.

〈그림 5〉은 놀라운 모습을 보여주고 있다.

우선 〈그림 5〉의 놀라운 점은 우리의 통상정책의 방향성이다. 해방이후 지금에 이르기까지 우리의 통상정책은 지속적으로 자유화 방향으로 움직이고 있다는 점이다. 두 번째 놀라운 점은 자유화 진전의 점진성이다. 변화의 모습이 그림의 대각선을 타고 움직이듯이 점진적인 그러나 분명한 변화를 보여주고 있다.

이 기간 한국은 일인당 국민소득 1955년 미화 67불에서 1986년 미화 2,643불, 2001년 미화 10,159불로 유례없는 경제성장을 이루었다는 것은 주지의 사실이다.

지속적 경제성장과 자유화를 지향하는 통상정책 법제도의 변화가 말해주는 것은 경제성장이 한 단계 한 단계씩 진전됨에 따라 통상정책 법제도가 자유화의 방향으로 한 단계씩 변화했다는 것이다.

이것은 Proposition 5 (제도발전의 경로의존성)의 주장을 지원하는 역사적 자료인 것으로 보인다. 첫 출발이 어떠했는지는 알 수 없다고 하더라도, 재산권제도가 불완전한 상황에서 출발하여 사업심이 경제성장을 유발하고 이것이 재산권 제도발전을 유도하고, 이 제도들을 이용하여 다시 비즈니스 모델이 도입되고 이것이 다시 경제성장을 유발하여 다음 단계의 제도발전을 이룩하는 제도발전 경로가 만들어지게 된 것이다.

이 제도발전 변화의 방향성과 점진성은 정부의 사법서비스공급 정책에서도 여실히 드러난다.

[그림 5] 경제성장과 통상정책 변천사

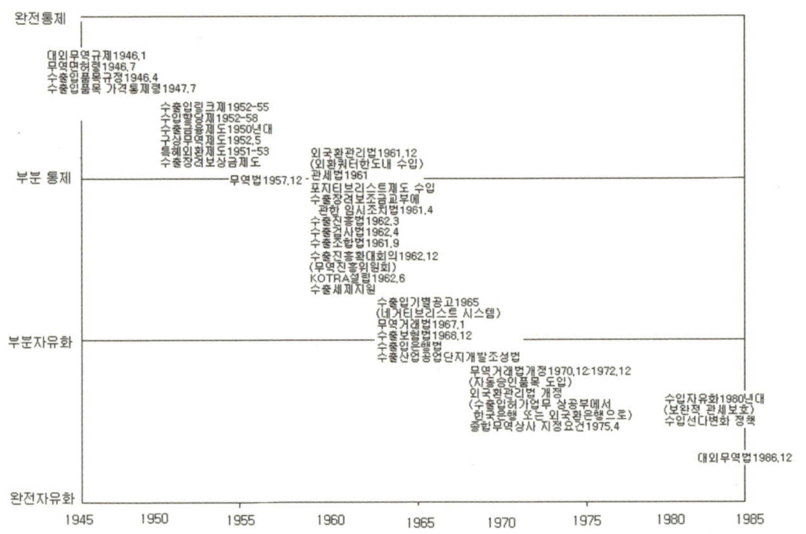


〈그림 6〉는 국민 1인당 민사본안사건수의 연도별 변화추이를 표시하고 있다.[10] 민사본안사건수의 전국 합계를 인구수로 나누어 계산하였다. 1966년에서부터 2001년에 이르기까지 국민 1인당 민사본안사건수는 분명한 추세를 보이며 가파르게 증가하고 있다.

국민 1인당 민사본안사건수는 사법서비스에 대한 수요를 표시하는 것이다. 경제성장이 이룩됨에 따라 국민의 사법서비스 수요는 증가의 방향성과 성장성을 보여주고 있다.

〈그림 7〉은 변호사 1인당 인구수의 변화추이를 표시하고 있다. 역시 인구수를 등록된 변호사수로 나누어 계산하였다. 그림은 같은 기간 동안 변호사 1인당 인구수가 감소하고 있음으로 보여주고 있다. 변호사수는 사법서비스

10) 민사본안사건수와 변호사수 통계는 KDI의 김두얼 박사로부터 구했음을 밝힌다.

공급을 표시한다. 변호사 1인당 인구수가 감소한다는 것은 사법서비스 공급이 증가한다는 것을 의미한다.

두 추세통계, 즉, 국민 1인당 민사본안사건수와 변호사 1인당 인구수 간에 상관계수를 계산한 결과 −0.9467 (13.96)를 얻었다. 괄호안은 t 통계값이다. 거의 1에 가까운 상관계수와 높은 통계적 유의성은 사법서비스 공급이 사법서비스 수요에 맞추어 증가하였음을 분명히 입증하고 있다.

[그림 6] 1인당 민사본안 사건수

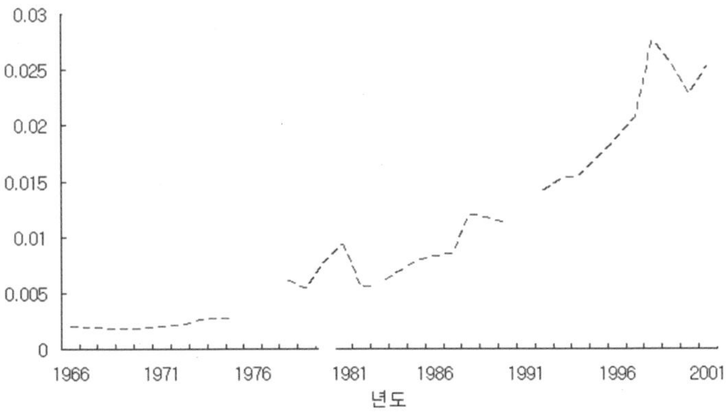


[그림 7] 변호사 1인당 인구수

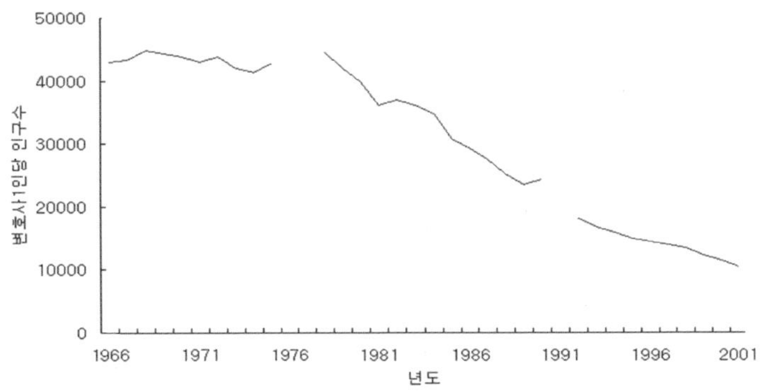

주지하고 있는 바와 같이 우리나라의 변호사수의 연도별 증가는 사법시험 합격자수에 의해서 결정된다. 사법시험 합격자수는 정부에 의해서 정책적으로 결정된다. 사법시험 합격자수 정책을 결정하는데 영향력을 가진 사람들은 변호사자격을 가진 사람들이다. 이들은 사법서비스 공급에서 독점적 공급자 지위를 강화하기 위하여 되도록 사법시험 합격자수를 줄이려는 성향을 가지고 있다는 것은 주지의 사실이다.

그럼에도 불구하고, 경제성장에 따른 사법서비스 수요의 성장에 맞추어 사법시험 합격자수가 증가하였다는 것은 Proposition 5 (제도발전의 경로의존성)의 주장을 입증하는 것이며, 〈그림 1〉에서 민간의 자발적 선택(private choice)에서 공공선택(public choice)에 이르는 대의민주주의 체제의 정책수립과정이 유효하게 작동하였음을 말해주는 것이라고 할 수 있다.[11) ] Proposition 5 (제도발전의 경로의존성)의 배경에는 HT-IPR (재산권 제도의 불완전성)과 Definition BM(비즈니스 모델)이 있었음을 주지할 필요가 있다. 즉, 재산권 제도의 불완전성으로 특징되는 제도환경에서 사업심에서 출발하는 비즈니스 모델에 의하여 견인되는 경제성장이 재산권제의 발전으로 연결되어 제도의 발전과 경제성장 간에 반복 순환적 발전의 경로가 만들어지게 된다.

11) 물론 이 기간 중 상당한 기간, 독재적 정치가 이루어졌다. 그러나 그 기간 중에도 선거가 이루어졌으며, 독재정부 조차도 민의를 정책에 반영해야 한다는 압박감을 느끼고 있었다고 할 수 있다.

## Ⅵ. 결론적 요약

코스의 거래비용 개념은 신고전학파 경제학 분석구도에서 제도문제를 파악할 기반을 마련해주었다. 그러나 거래비용 개념이 제도에 대한 논의를 대체할 수 있는 것은 아니다. 공리주의의 정의논쟁은 이 문제의 본질을 잘 보여준다.

하나의 제도와 다른 하나의 제도를 복지단위로 계량하여 비교할 수 있다고 하더라도, 거래비용이 영(0)이 아닌 한, 두 제도를 바로 연결하는 현실적 해결책은 존재하기 어려운 것이 현실이다. 두 제도 사이의 전환이 중단기적으로 영원히 불가능한 경우도 있을 수 있다. 제도의 변화는 그 자체 나름의 논리와 현실이 존재하는 것이다. 실체는 제도이지 복지분석이 아니다.

신고전학파 경제분석은 제도문제를 ceteris paribus로 처리하고 있으나, 모든 비즈니스 모델에 동일하게 공유되는 재산권제도란 없으며 또한 개별 경제제도의 재산권 관계가 완전하게 정의되도록 한다는 것도 현실적으로 가능하지 않은 가설이다. 제도는 각 제도 별로 분리되어 있고, 각각의 제도도 재산권관계를 완전하게 정의해내지 못하는 것이 현실이다.

불완전한 재산권 제도의 여건에서 사업가(entrepreneur)가 비즈니스 모델을 개발하여 그 사업의 재산권을 만들어 간다고 보는 것이 더 현실적으로 적절한 설명이다. 시장공급 또는 수요는 개별 비즈니스 모델에서 출발하여 이들의 합으로 계산하는 것인데. 문제는 개별 비즈니스 모델들이 각각 그들의 재산권을 정의해주는 제도그룹이 서로 다르다는 것이다.

결국 신고전학파 경제학의 균형가격분석은 사업심(entrepreneurship)에서 기반을 둔 비즈니스 모델 분석과는 양립되지 않는다. 불완전한 재산권제도 여건에서 사업가에 의하여 도입된 비즈니스 모델의 개발은 이 방향으로 새로운 제도를 발전시키게 되고 이것은 다시 이 방향 사업을 번창하게 한다. 이것이 제도발전에 경로의존성이 나타나게 되는 하나의 설명이다.

이 가설은 2개의 역사적 사례로 지원된다. 하나는 한국의 통상정책의 변화과정이다. 경제가 성장함에 따라 통상정책은 점진적으로 개방화, 자유화의 방향으로 발전되어 왔다.

다른 하나는 한국의 사업서비스 공급정책이다. 변호사공급이 정부에서 일방적으로 정해지는 제도여건에서도 경제성장에 수반하여 증가하는 변호사 수요에 맞추어 변호사 공급이 증가하여 왔다는 사실이 통계적으로 유의한 높은 상환계수로 입증되고 있다.

## 참고문헌


이성섭 (2007), "개인과 사회집단 간의 연결고리로서의 제도," 『제도와 경제』 1권1호: 5–15.

_____ (2008), 『한국의 중화학공업화정책 사례』 KDI 정책대학원.

이정모 (2008), "제한적 합리성 및 이지과학의 변화 흐름이 인지경제학 전개에 주는 시사,"『제도와 경제』 2권1호: 65–92.

Coase, R.(1988), "The Firm, the Market, and the Law," chapter one in R. Coase, *The Firm, the Market, and the Law*, The University of Chicago Press, 1988.

Dahlman, Carl J.(1979), "The Problem of Externality," *The Journal of Law and Economics* 22, no. 1(April 1979): 148.

Miller, G.J.(1992), *Managerial Dilemmas: The Political Economy of Hierarchy*, Cambridge University Press.

Akerlof. G. A.(1982), "Labor Contracts as Partial Gift Exchange," *Quarterly Journal of Economics* 97; 543–69.

Williamson, O.E.(1985), *The Economic Institutions of Capitalism*, New York: Free Press.

Jensen, M.C., and W.H. Meckling(1976), "Theory of the Firm: Managerial Behavior, Agency Costs and Ownership Structure," *Journal of Financial Economics* 3: 305–60.

Fama, E., and M. Jensen(1983), "Separation of Ownership and Control," *Journal of Law and Economics* 26: 301–25.

Alchian, A.A., and S. Woodward(1988), "The Firm is Dead; Long Live the Firm: A Review of Oliver E. Williamson's The Economic Institutions of Capitalism," *Journal of Economic Literature* 26: 65–79.

Simon, H. A.(1957), *Models of Man*, Jew York: Wiley.

__________(1987), "Bounded Rationality," In J. Eatwell, M. Milgate, and P. Newman, eds., *The New Palgrave: A Dictionary of Economics*, 1: 266–68. London: Macmillan.

Kahneman, D.(1994), "New Challenges to the Rationality Assumption," *Journal of Institutional and Theoretical Economics* 150: 18–36.

Shiller, Robert(1981), "Do stock prices move too much to be justified by subsequent changes in dividends?," *American Economic Review* 71(3): 421–436.

Israel M. Kirzner(1973), *Competition and Entrepreneurship*, University of Chicago Press.

P. R. Krugman and M. Obstfeld(2009), *International Economics: Theory and Policy*, 8th edition, Pearson/Addison Wesley.

J. A. Schumpeter(1934), *The Theory of Economic Development*, 12th printing (2006), Transaction Publishers.

J.S. Mill(1861), *Utilitarianism*, Kessinger Publishing, 2004.

# 8 상업의 발달과 자유주의 제도의 발달[1)]

## Ⅰ. 자유주의: 현대 물질문명 운용의 기관사

21세기 물질문명의 한 복판에서 왜 우리는 진부한 주제 자유주의란 무엇인가하는 문제에 거듭 매달리는가? 현대물질문명이 풍요로우면 그럴수록, 복잡하면 그럴수록, 이 문명을 움직이는 단순하고 명료한 원리가 필요하고 그것이 자유주의일 수밖에 없기 때문이다.

자유주의의 본질적 요소(사실 이것을 정의하기가 쉽지 않지만, 개인의 자율성이라고 대충 정의해둔다면)를 침해하는 다른 이데올로기로 자유주의를 대체하려는 시도는 모두 실패하였다. 그래서 우리는 이 복잡한 물질문명의 한복판에서 자유주의에 매달리지 않을 수 없다. 그 문명을 운전할 기관사가 자유주의 말고 없기 때문이다.

---

1) 2006년 3월24일 안민포럼에서 발표. 이 장의 내용중에서 역사적 사료에 관하여 기술된 부분(Ⅱ-ⅩⅣ절)중 상당한 내용은 Fernand Braudel (1986), *Civilisation Materielle, Economie et Capitlisme, XVe-XVIIIe Siecle*, 주경철역, 『물질문명과 자본주의』 1996, 까치글방에서 인용되었다.

자유주의 논리를 가지고 해결해야 할 문제는 맥아더장군 동상 철거가 적절한가 하는 문제에서부터, 한미 FTA 문제에 이르기까지 무수히 많이 있다. 북한 체제를 어떻게 받아들여서 통일을 준비할 것인가? 어떤 미국의 자유주의 제도 또는 시장경제 제도는 우리에게 도입하는 것이 필요하고 어떤 것은 우리에게 적절하지 않은지를 어떻게 구분할 것인가? 자유무역협정(FTA)의 내용은 무엇이어야 하는지? 스크린 쿼터는 필요한지 필요하지 않은지? 총액출자제한제도는 이미 유용하지 않은 제도인지? 토지거래규제는 어디까지가 좋은지? 교육정책은 어떻게 방향을 잡아야 하는지? 중앙은행의 역할은 무엇인지? 기업지배구조는 어떻해야 하는지? 사법부의 역할은 무엇인지? 헌법재판은 민주주의에서 어떤 기능을 하는지? 지방자치는 어떻게 발전시켜야 하는지? 농촌지원의 한계는 어디까지인지? 노동조합의 단체행동은 어디까지 용인해주어야 하는지? 입법부의 역할은 무엇인지? 대통령의 권한행사는 어떻게 견제되어야 하는지? 행정부의 관료주의는 어디까지가 한계인지?

끝도 없이 많은 문제, 거의 모든 문제가 분명한 답을 가지고 있지 못한 채, 결국 자유주의라는 이데올로기에 대한 개념정의로 되돌아간다. 그러나 시원한 답은 없으며 의견대립이 원론적 원점의 거리를 벗어나지 못하고 있다. 자유주의가 잘못되었다고 주장하는 사람도 있지만, 자유주의의 본질적 요소를 침해하는 다른 이데올로기로 자유주의를 대체하려는 시도는 모두 실패하였다는 점에서, 이들의 주장은 설득력이 없다. 그보다 문제의 초점은 자유주의의 내용이 어떤 구성으로 이루어져야 하는가 하는 데 모아지는 것으로 보인다.

자유주의를 분명하게 정의하는 철인이 등장하여 모든 문제를 하나의 논리로 분명하게 처리할 수 있다면 더 바랄 것이 없겠다. 우리가 자유주의 철학을 연구하는 목적도, 가장 바람직하게는 모든 어려운 문제들을 하나의 논리로 해결하였으면 하는 바람에 있고, 그렇게까지는 안 되더라도 가능한대로 잘못된 결정의 오차를 줄여보자는 데 있는 것이 아닐까 한다.

이렇게 자유주의 원리를 깊이 탐구함으로서 현실 정책적 문제의 해결에 간단하고 분명한 해답을 찾는 접근방법은 필요한 일이고 바람직해보이지만 그 해결책이 얼마나 현실적인가 하는 문제에 봉착하게 된다. 자유무역의 원리는 분명해보이지만, 농민의 시위에 봉착하면, 현실적 한계를 절감하게 된다. 농민에 대한 지원은 어느 정도까지가 적절한가?

이러한 문제에 대하여 자유주의를 사상적 원리로 파악하기보다, 역사적 제도의 변천으로 파악하는 접근방법에 관심을 가져볼 필요가 있다. 평등이 자유주의의 중요한 요소인지에 대한 사상적 논란도 중요하지만, 자유주의를 제도의 변천과정이라고 보고 자유주의 제도의 변천이 자본주의 발전과 어떻게 관련을 맺고 발전해왔는지를 보는 것이다.

## Ⅱ. 유럽의 산업혁명

자유주의제도를 논의함에 있어서 산업혁명을 말하는 것은 일견 동떨어진 주제로 보일지 모르나 사실은 산업혁명이 유럽자유주의제도 발전의 기원에 관한 비밀을 푸는 결정적 단서를 제공하는 것으로 보인다.

산업혁명이 일어나기 이전 유럽 주요국가들의 일인당 국민소득은 당시 중국의 일인당 국민소득과 큰 차이가 없었던 것으로 알려져 있다. 폴 베르크의 계산에 따르면, 1960년 미국 달러화 물가를 기준으로 영국(1700), 150-190; 장차 미합중국이 될 아메리카의 영국 식민지(1710), 250-290; 프랑스(1781-1790), 170-200; 인도(1800), 160-210(그러나 이 나라는 1900년에도 140-180이었다); 일본이 1750년 160이었다. 중국은 1800년 228이었으나 1950년 170으로 추락하고 있다. 산업혁명이 유럽과 동양의 차이를 가른 분수령이었다.[2)]

유럽문명을 오늘의 유럽문명으로 만든 것은 산업혁명이었다고 할 수 있다. 오늘의 물질문명이 없었다면 자유주의에 대한 찬사가 어떻게 지금과 같을 수 있을까? 우선 산업혁명이 어떻게 발생하게 되었는지를 살펴볼 필요가 있다.

아담스미스는 국부론 첫1과에서 분업원리를 설명하면서 그 자신이 목도한 놀라운 생산력의 변화를 실례로 소개하고 있다.

영국산업혁명을 1750년부터 1830년 기간으로 본다면, 아담스미스가 국부론을 발간한 것이 1776년이니, 국부론은 바로 영국의 산업혁명, 인류 최초의 산업혁명 현장에서 발생하고 있었던 사례를 생생하게 전해주고 있는 것이다. 아담스미스는 국부론에서 핀생산의 예를 소개하고 있으며, 핀생산은 18개의 공정으로 분할 할 수 있고 각 공정을 분할하여 분업을 하면 생산성에 놀라운 증가를 만들 수 있다고 생산관리분석을 하고 있다. 그가 직접 목도한 한 핀 공장의 경우 10명의 노동자가 분업을 한 결과 하루 4만8천개의 핀을 생산한 실례를 소개하고 있다. 만약 10인의 노동자가 분업을 하지 않고 개인이 독립적으로 생산을 한다면, 한사람이 최대 20개 정도밖에는 만들 수 없다. 열사람이 최대로 총 200개를 생산할 수 있을 뿐이다. 분업으로

2) Fernand Braudel (1986), Ⅲ권 제5장.

이룩한 생산성 증가가 무려 240배에 달하는 것이다.[3)]

이러한 생산성 증가는 단지 분업에서만 아니고 증기기관, 물방적기 등 기술발전이 수반되면서 산업 각 부문에서 진행되었다. 이것이 영국의 산업혁명이었다.

## Ⅲ. 상업의 발달: 산업혁명의 배경

영국의 경우 선철생산이 1740년 1만 7천톤이었으나 1840년 134만 8천톤으로, 석탄생산은 1770년 620만톤에서 1848년 5000만톤으로 증가한다. 목화소비량은 1784년 400만 파운드에서 1833년 3억 파운드로 증가한다.

여기에서 당연히 제기되는 문제는 이러한 급격한 생산성의 성장이 어떻게 소화될 수 있었던가 하는 것이다. 이것은 산업혁명이 있기 전에 이미 상당한 수준의 상업유통망이 갖추어져 있었다는 말이 된다. 그렇지 않았다면, 생산성 증가로 인한 결과는 유통불능으로 개별공급자는 파산하게 되고, 국가경제는 공황에 빠지게 되었을 것이다.

산업혁명과 관련하여, 유럽에서 상업유통망이 만들어지기 시작한 역사는 11-13세기 중에 형성된 세계경제의 틀에서 찾을 수 있다.[4)] 유럽의 이 거대한 상업유통망에서 도시는 도구의 역할을 한다. 13세기 초에 이미 독일지역에서만 3000개가 넘는 도시들이 존재했던 것으로 보고되고 있다.[5), 6)]

---

3) Adam Smith (1776), chapter 1.

4) Fernand Braudel (1986), Ⅲ권 제2장.

5) 이들 중에는 성벽을 두르기만 했을 뿐 고작해야 인구 200-300에 불과한 마을 수준의 도시도 포함되어 있다.

6) Wilhelm Abel (1966), Fernand Braudel 전게서에서 재인용.

중세도시는 그 자체로 하나의 소우주이며 배타적인 특권들을 가지고 있었다. 도시의 공기는 자유롭게 만든다라고 묘사되듯이 상업활동이 허용되었다. 지역적 경계의 설정에 있어서 고대도시가 개방되어 있었던데 비하여 중세도시는 성벽으로 도시지역과 농촌지역을 명백하게 갈라놓는 폐쇄적인 곳이었다(페르낭 브로델[1986], III권 제2장). 이것은 도시경제가 물자의 조달과 처분을 위하여 성안에 마련된 시장에 의존해야 함을 말한다.

시장은 영주의 현물로 납부되는 지대소득을 처분하는 장소이고, 도시와 농촌간의 유통의 장소이며, 또한 전국적 또는 세계적 상업유통망의 한 고리의 역할을 하였다. 1150년 이후 유럽은 직접 농산물 소비(즉 자가소비)로부터 간접 농산물 소비로 이행되었다고 보고 있다.[7] 13세기 이후 유럽의 경제적 양태는 도시가 농업적인 성격을 유지하던 (예전의) 단계를 넘어서게 된다.[8] 이것은 전통적으로 말하는 르네상스보다 2-3세기 이전에 해당하는 시기이다.

국제적 상업유통망으로서의 유럽은 크게 2개의 권역으로 구분되어 있다. 북해에서 발틱해에 이르는 북쪽권역과 지중해 전체를 아우르는 남쪽권역이 그것이다. 북쪽권역의 중심은 브뤼주 등 북부독일지역이다. 이 거대한 국제적 상업유통망이 형성되기 시작한 것은 9-10세기로 보고 있다.[9] 한자(Hansa)동맹의 도시들이 활동하던 것도 이 시기이다. 그 후 대서양항로가 개발되면서 북쪽권역의 중심은 앤트워프, 네덜란드의 암스테르담으로 옮겨간다. 남쪽권역의 중심은 이탈리아의 베네치아, 제노바이다.

---

7) J. H. Slicher van Bath (1966), Fernand Braudel 전게서에서 재인용.

8) Yves Renouard (1969) Fernand Braudel 전게서에서 재인용.

9) Fernand Braudel 전게서 III권 제2장.

## Ⅳ. 베네치아의 독점상권

베네치아의 상업적 성장은 십자군운동(1203년 차라, 1204년 콘스탄티노플의 점령)의해서 가속화되며 15세기 후반에 전성기를 구가한다. 베네치아의 영향권에 들어가는 세계경제는 동쪽으로 폴란드, 헝가리, 발칸반도에서 지중해 지역과 콘스탄티노플 및 흑해 지역 등이 포함된다(1453년 이후 콘스탄티노플은 터키에 정복됨으로서 콘스탄티노플 및 흑해지역 상권이 터키에 영향을 받게 된다). 베네치아 상권은 실크로드를 통하여 중국에까지 연결된다. 서쪽에서는 유럽전체가 베네치아 상권의 지배하에 있었다. 남쪽으로는 터키의 지배하에 들어가지 않은 이슬람 지역(북아프리카, 이집트, 시리아)은 세우타, 베이루트, 시리아의 트리폴리에까지 이른다. 블랙아프리카, 홍해, 페르시아 만 방향의 교역이 레반트 항구들을 통하여 교역되었다.

당시 상권은 일반적으로 독점상권이었다. 베네치아는 세계적인 창고로서 특히 배타적으로 상권을 행사하였다. 예컨대, 독일상인들은 독일상관이라고 부르는 강제적인 격리장소에 머물러야 했다. 이곳에 상품을 하역하고 시 정부의 엄중한 감시 하에서 매매를 했으며 이렇게 번 돈으로는 반드시 베네치아의 상품을 구매해야만 했다. 독일상인들은 베네치아의 해외교역거래에 직접 참여할 수 없었으며 오직 베네치아의 완전 시민권 소유자들만이 독점적으로 교역을 수행할 수 있었다. 또한 베네치아는 자국 상인들이 독일에서 직접 상품매매를 하는 것을 사실상 금지시켰다. 따라서 독인인들이 나사, 면화, 모직물, 비단, 향신료, 후추, 금 등을 사기 위해서는 반드시 베네치아로 직접 와야했다.

당시 베네치아의 부는 시정부 예산 자료로 짐작할 수 있다. 베네치아 시 예산은 75만두카트에 달했다. 이것은 스페인 예산과 비슷하고, 영국과도 거의 비슷하며, 밀라노, 피렌체, 제노바 등과 비교하면 큰 차이로 앞선다. 예산이 국민소득의 5-10퍼센트에 해당한다는 계수를 적용하면 이 도시의 국민총소득은 750만-1500만 두카트 사이가 된다. 이때 인구를 최대로 15만명으로 보면 1인당 소득은 50-100두카트 사이가 된다. 이것은 믿을 수 없이 높은 수준이다.

시정부 소득(75만 두카트)과 테라 피르마의 소득(46만4000두카트), 제국(바다)의 소득(37만6000두카트)를 더하면 베네치아의 총예산은 161만5000두카트에 달한다. 이것은 유럽국가들 중 일등의 수준이다.

마침 15세기 초 프랑스 왕국 예산 자료 기록이 있는데, 당시 왕국 총예산이 100만 두카트에 불과한 것으로 나타난다. 베네치아 전체 인구를 최대치로 150만명으로 잡고, 샤를 6세 치하의 프랑스 인구를 1500만명으로 잡는다면 프랑스가 베네치아 인구의 10배가 된다. 두 나라가 같은 정도로 부유했다면 프랑스 예산은 1600만 두카트가 되었어야 한다. 그러나 프랑스 실제예산이 100만 두카트에 불과한 것은 도시국가 베네치아가 영토국가 프랑스에 비하여 얼마나 우월한지를 말해준다.

갈레레 다 메르카토(galere da mercato: 상업 갤리 선)은 베니치아 시 정부 국립조선소에서 건조한 상선이다. 이 상선은 초기에 100톤이었다가 나중에 300톤으로 커졌다. 수레 50매 분에 해당하는 상품을 선창에 적재할 수 있었다. 이 배들은 여러 척이 함께 항해하고 방어수단으로 활과 투석기를 갖추었기 때문에 대단히 안전한 배였다. 뒷시기에는 배의 측면에 대포를 탑재했다.

국가소유의 이 배들을 빌리는 일은 매년 경매방식으로 이루어졌다. 경매에서 승리한 도시귀족이 다른 상인들에게 적재상품에 비례한 운임을 받는 일도 맡아서 했다. 그리고 나면 배의 사용자들이 모든 것을 공동의 계정으로, 즉 하나의 연합을 이루어 항해하거나, 혹은 한 척의 갤리 선의 적재상품이나 귀환상품을 위해서 하나의 임시회사를 구성하는 행위 등을 시정부가 장려했다. 즉 연합으로는 독점상권을 구성하지만 개별 참가자들에게는 평등한 기회가 부여되는 것이다. 또한 구매행위에 있어서도, 예컨대 시리아의 면화나 알렉산드리아의 후추를 사기 위해서 모든 사람들이 참여할 수 있는 구매자연합이 자주 결성되었다. 그러나 시정부는 배타적인 일부 집단이 독점행위를 하는 것으로 보이는 카르텔은 여지없이 억압했다.

## Ⅴ. 베네치아의 자본주의

베네치아는 비록 자신이 처음 창안한 것은 아니지만, 다른 도시들이 개발한 다양한 자본주의제도를 도입하여 활용하였다. 제노바(13세기초)와 피렌체(1250)가 창안한 금화(두카트화), 피렌체가 고안한 수표, 지주회사제도, 복식부기, 공증인 중개를 생략하는 효율적인 해상보험 체결방식, 매뉴팩처방식의 산업분화 등을 도입 활용하였다.

12세기 말부터 13세기 초까지 14세기는 더 분명하게 베네치아 경제는 시장, 상점, 창고, 센사 정기시, 조폐국, 도제 궁전, 국립조선소, 세관 등과 같은 모든 도구들을 구비하고 있었다. 당시 리알토 광장에 자리한 환전상과 은행들 앞에는 매일 아침 베네치아 상인들과 외지상인들이 회합했다. 은행가들은 손에 펜과 공책을 들고 계좌간 이체를 기입했다. 기입(scritta)이라는 방법은 화폐의 교환에 의하지 않고도 다음번 정기시까지 기다릴 필요도 없이 계좌이체를 통해서 상인들 간의 거래를 현장에서 해결하는 놀라운 방법이었다.

스크리타 은행은 일부 고객들에게 당좌대월까지 허용해주었다. 일종의 어음인 체돌레를 발행하기도 하고 고객 예탁금으로 투기를 하기도 했다.

조세목적으로 행해진 최초 인구조사(1379-1380)에 의하면 과세 대상 귀족들(총 1,121명) 가운데 최고 부유층이 20-30가구이고, 신흥 부유층인 포폴라니(서민)가 6가구 그리고 푸주한, 구도제조인, 석공, 비누제조인, 금세공인, 잡화상 등 아주 유복한 상점주인들이 있다는 것을 알 수 있다.

상업교역의 수익은 끊임없이 투자되고 재투자 되었다. 선박은 거의 언제나 24카라토(carato)로 나뉘어 있었다. 각각의 소유주는 여러 카라토를 가지고 있었다. 그러므로 선박은 거의 처음부터 자본주의적이었다. 배에 적재하는 상품들은 대개 대금업자들에게 빌린 돈으로 조달되었다. 현찰 대출은 언제나 존재했다. 베네치아 인들은 그레딧 업무의 정당성을 인정했다. 관례에 따른 정상적인 이자율은 20퍼센트까지 되었다. 물론 고리대금업도 존재하였다.

상업대부는 고리대금업과 다른 상업상 필수불가결한 도구로서 일반적으로 은행가들이 받는 이자와 같은 수준이었다. 이것은 콜레간차라고 부르는 파트너쉽 계약과 연결되어 있었다. 대부인(socius stans)은 일정 금액을 여행하는 파트너(socius procertans)에게 빌려준다. 후자가 귀환하여 정산할 때 원래 빌린 금액을 갚은 후에 남은 수익 중에 1/4을 그의 몫으로 하고 나머지 3/4은 자본가(즉, 대부인)에게 준다. 대부인이 3/4을 금액을 빌려주고 여행하는 파트너가 그의 노동과 함께 1/4의 자본을 대면, 수익을 반반씩 나누게 된다.

베네치아에서 상업은 무엇보다도 레반트 무역을 의미했다. 이것은 막대한 자본을 요구하는 상업이므로 베네치아의 거대한 화폐자본이 여기에 투입되어 시리아로 갤리 선단이 떠나고 나면 도시 내에 현찰이 문자 그대로 바닥나는 정도였다. 자본 순환은 빠른 편이어서 6개월 혹은 1년 정도면 회수 되었다. 한 문헌에 의하면 베네치아에서 투자의 수익률은 40퍼센트에 달한 것으로 언급되고 있다.

## Ⅵ. 지리상의 발견

베네치아와 제노바의 상권으로 연결되는 지중해 상업은 대서양 상업이 개발되면서 북부유럽으로 상권을 넘겨주게 된다. 이때 대서양 및 인도양의 항로를 연 것이 포르투갈이다. 바르톨로메우 디아스가 아프리카 최남단, 희망봉에 도착한 것은 1487년이다. 이로서 대서양을 통하여 인도양에 닿을 수 있다는 것이 알려졌다. 이 항로를 이용하여 바스코 다가마가 인도 캘커타에 도착한 것은 1498년 5월이다.

컬럼버스는 제노바 사람으로 대서양에서 지구를 꺼꾸로 돌아 인도에 도달할 수 있다는 주장을 하였다. 포르투갈은 컬럼버스의 이상론 보다는 바스코 다가마의 보다 현실적인 인도양 항로 제안을 받아들였다. 컬럼버스는 스페인 탐험선을 가지고 1492년 아메리카대륙을 발견한다. 마젤란은 포르투갈 사람이지만 스페인 탐험선으로 세계일주 항해(1519-1522)에 나선다. 대서양에서 남아메리카 남단을 돌아 태평양을 건너 1521년 필리핀에 도착한다. 그는 그곳에서 죽지만 그의 탐험대는 아프리카 남단을 돌아 1522년 스페인에 귀환한다.

코페르니쿠스가 「천구의 회전에 관하여」를 저술한 것이 1530년이다. 갈릴레오가「대화」를 출판한 것이 1632년이다. 물론 관심의 대상이 하나는 바다의 탐험이고 다른 하나는 천체관측이라 서로 다른 전문분야라고 할 수 있겠지만, 지구 및 우주에 관한 전통적 사고에 충격과 회의감을 준 것은 지리상의 발견이 먼저였다는 점은 중요한 의미를 주는 것으로 보인다.

연이은 지리상의 발견으로 베네치아, 제노바 및 북구의 자본은 리스본으로 몰려들게 된다. 지리상의 발견은 다름아닌 새로운 상권의 발견이었던 것이다. 이미 베네치아 자본주의를 소개하였지만, 다시 세계경제 중심으로서의 암스테르담을 소개하는 이유는 불란서 대혁명 이전에 세계경제의 상업망이 어느 정도 발전되어 있었는지를 살피기 위함이다.

## Ⅶ. 네덜란드: 상업활동의 절대적 자유

암스테르담의 등장으로 제국주의적 구조와 성향을 가진 도시들의 시대는 끝났다. 네덜란드는 홀란드, 젤란드 등 일곱개의 작은 주들이 모여서 만든 연방국가이다. 암스테르담 경제권을 중심으로 형성된 국가이다. 암스테르담 역사적 경험의 흥미로운 모습은 이것이 도시가 지배하는 국면과 근대국가 및 국민경제가 지배하는 국면의 중간에 위치한다는 점이다. 근대적 통합국가의 지지없이 진정한 상업 및 크레딧의 제국이 존재하는 것은 이것이 마지막이 된다.

네덜란드 인구는 1500년에 100만명이었다가, 1650년에 200만명으로 증가한다. 이러한 급속한 인구증가는 자유와 일자리를 찾아 유입된 외국인으로 인하여 가능하였다. 종교적 관용이 네덜란드 신앙의 자유를 표현하는 말이다. 프로테스탄트 각 분파 및 가톨릭으로 구성된 10여 종류의 서로 다른 교구가 자유롭게 예배를 볼 수 있었다.

헤이그(네덜란드 정치수도) 정부는 취약하고 일관성 없는 것으로 유명하다. 중요한 결정은 각 주의 신분의회에 보내서 모든 주들이 만장일치로 찬성해야 했기 때문에 정부대표들 사이에 어떤 것이 최선인가에 대한 의견일치를 보는 적이 거의 없었다. 이것은 어떤 면에서는 역설적으로 시민들이 정치로부터 자유로웠다는 것을 의미한다.

네덜란드에서 상업은 절대적으로 자유로웠다. 이것은 국가 스스로 핵심적인 것으로 간주하는 금언이었다. 심지어 자국의 동인도회사와 경쟁관계가 있는 영국, 덴마크, 스웨던, 프랑스 등지의 동인도 회사에 투자를 하고, 자기 나라 배들을 공격하는 프랑스 해적에게 돈은 투자하기도 하였다. 1654년 포르투갈 인들은 네덜란드에서 산 무기를 가지고 레시페에서 네덜란드 인들을 축출했고 루이 14세도 네덜란드 무기를 사서 1672년 네덜란드를 공격했다. 1644년 동인도 회사의 이사들은, (17인 위원회로 대표되는) 동인도회사가 정복한 지역과 요새들은 국가가 정복한 것이 아니므로 상인들의 개인적 소유물로 보아야 하며, 따라서 상인들은 자유롭게 이것을 누구에게나, 스페인 국왕이나, 아니면 다른 네덜란드의 적이든 상관없이, 팔 권리를 가지고 있다고 주장하기까지 한다. 이익이야말로 이곳 사람들을 인도하는 유일한 나침반이었다.

## Ⅷ. 실용주의와 경쟁력 우위

이곳은 국토의 태반이 1년 중 물에 잠겨있다. 오직 1/4만이 경작이 가능하다. 가용공간이 워낙 협소하기 때문에 농업이나 목축업은 모두 생산성 향상을 목표로 한다. 가축들은 다른 곳에서 보다 더 잘 먹인다. 따라서 암소는 하루에 세 통의 우유까지 생산한다. 농업은 텃밭재배에 가까운 것이 되었으며, 교묘한 돌려짓기 방식을 개발하고, 도시의 오물을 섞은 비료를 많이 쓰는 덕분에 다른 어느 곳들보다 많은 수확을 얻었다. 1570년부터는 농업상 기술진보가 두드러져서 네덜란드의 자본주의는 토지로부터 발전한 것이라고 말해진다.

네덜란드의 농업은 고소득 작물들을 재배하는 쪽으로 변화해갔다. 아마, 대마, 유채, 호프, 담배 그리고 파스텔과 꼭두서니 같은 염료작물 등이 그런 것들이다. 염료작물은 시의적절하게 도입된 것으로, 영국이 수출하는 모직물은 표백하지 않은 상태로 네덜란드에 들어와서 이곳에서 마무리 공정과 염색공정을 거친다. 축융과 염색, 두 가지 공정만으로도 가공하지 않은 모직물 생산비용의 두 세배가 소요된다. 그만큼 부가가치 생산을 높이는 것이다. 네덜란드 인들과 비교할 때 영국은 염색과 마무리 공정에서 경쟁이 안 되었다.

농촌의 상업화가 진척된다는 것은 농촌의 부가 증진된다는 것을 의미한다. 농민은 10만 리브르 이상의 부를 소유하고 있는 부농인 경우가 흔하며 농촌의 임금이 도시의 임금수준에 근접했다. 또한 국토가 도시화, 조직화되어서 1627년 브뤼셀로부터 암스테르담으로 여행하던 한 사람은 네덜란드의 도시들이 사람들로 가득 차 있는 것을 발견하고 놀랐다. 네덜란드 인구 중

절반은 도시에서 살고 있기 때문이다. 이것은 유럽에서 가장 높은 기록이다.

네덜란드 연방은 라인강과 뫼즈강이 북해로 흘러드는 강 하류에 만들어진 국가이다. 따라서 두 강을 이용한 유럽대륙과의 상업활동 및 바다를 이용한 북해 및 발틱해와의 해상 상업활동, 어업활동에서 지리적 강점을 가진 국가이다. 1661년경 네덜란드의 청어잡이 배는 1500척에 승선한 어부들의 수는 1만 2000명에 달했으며 이렇게 잡은 30만 톤의 청어가 염장, 훈제되어 유럽 전역에 팔려나갔다.

네덜란드의 선단은 나머지 유럽 국가들 전체의 선단을 합친 것과 같은 규모였다. 1669년 프랑스 자료는 연안항해선과 소형갤리오트 선을 제외하고도 네덜란드 연방 전체의 선박 수를 6000척으로 추산하고 있다. 배한 척이 평균 100톤 크기이고 8명의 선원을 태우고 있다면 최소한 60만 톤에 4만 8000명의 선원 규모가 된다. 당시로서 대단한 수치이다.

1570년부터 네덜란드의 조선소는 프로이트(fluyt)라는 선체가 견고하고 배의 좌우가 볼록하여 용적량이 크면서도 적은 인원으로 항해가 가능한 경제적 효율성이 높은 배를 만들었다. 300톤 급 배를 움직이는 데 프랑스에서는 20명이 필요하지만 네덜란드에서는 기껏해야 16명이면 충분하였고, 선원의 임금도 프랑스 선원의 2/3정도였다. 암스테르담 근처의 유명한 조선소들에서는 두 달 전에만 이야기 하면 곧바로 의장을 갖추어도 될 정도로 완성된 전함을 매주 한 척씩 만드는 일을 일년 내내 계속할 수 있었다.

암스테르담 항구는 언제나 초만원으로, 혹자는 2000척이 정박하고 있었다고 하고 다른 문헌은 8000천 척의 배가 동시에 정박하고 있어서 돛대와

밧줄은 마치 햇빛도 거의 들지 않을 정도로 우거진 숲을 이루고 있었다고 하고 있다.

## Ⅸ. 남북부 유럽간의 연결무역

1560년 네덜란드 인들은 발틱 해상에서 수행되는 중량품 무역의 70퍼센트를 도맡았다. 곡물과 조선재료들  판자, 재목, 마스트, 피치, 타르 등이 암스테르담에 넘쳐났다. 네덜란드는 발틱 지역에서 승리를 거둔 얼마 후 남쪽으로 라레도, 산탄데르, 빌바오, 리스본 그리고 뒷시기에는 세비야에서 승리를 거두었다. 1550년경 이후에는 네덜란드의 화물선들이 북유럽과 스페인 및 포르투갈 사이의 해상무역을 대부분 장악했다. 이 배들은 조만간 이베리아 반도와 북대서양 사이에 교환되는 상품의 5/6를 수송했다. 밀, 호밀, 조선재료 그리고 북유럽의 공산품(이것은 세비야에서 다시 신대륙으로 재수출되었다)이 남쪽으로 내려가고 대신 소금, 청어, 양모, 포도주 그리고 무엇보다도 은이 북쪽으로 올라가게 되었다. 은은 현찰로서 네덜란드 상업을 잘 유지해가도록 하는 보장이 되었다.

네덜란드가 장악한 유럽 남북간의 연결무역은 남북 양쪽 모두에게 핵심적으로 중요한 것이었다. 네덜란드 반란(1572-1609)에서 1595년 스페인은 이베리아 반도의 모든 항구들에서 400척의 네덜란드 선박들을 나포하는데 이것은 당시 네덜란드 보유선박의 2/5에 해당하는 것이었다. 나포된 배들은 결국 석방되거나 스스로 도망쳐 나왔다. 1596년과 1598년에 스페인 항구에는 다시 금지조치가 내려졌으나 정말로 시행되지는 못했다. 북부 네덜란드에 세투발과 카디스의 소금을 금수시킴으로써 이들을 굴복시키려는 거대한 계획들도 계획으로만 그쳤다.

아래의 [표 1]은 이러한 네덜란드 선박의 압도적 우위, 상업상의 우위가 1786년에는 지배적 위치로 유지되고 있었을 보여주고 있다. 이 해에 암스테르담에 도착한 선박은 출발지가 어디든 상관없이 대부분 네덜란드 선박이었음을 알 수 있다.

**[표 1]**

1786년에도 네덜란드 인은 유럽의 수송인이었다

암스테르담 주재 프랑스 영사가 이 해에 암스테르담에 도착한 1504척의 배를 분석했다. 뒷시대에도 거의 모든 선박은 네덜란드 선박이었다.

| 출발지 | 선박 수 | 네덜란드 선박 수 |
|---|---|---|
| 프로이센 | 591 | 591 |
| 러시아 | 203 | 203 |
| 스웨덴 | 55 | 35 |
| 덴마크 | 23 | 15 |
| 북부 독일 | 17 | 13 |
| 노르웨이 | 80 | 80 |
| 이탈리아 | 23 | 23 |
| 포르투갈 | 30 | 30 |
| 스페인 | 74 | 72 |
| 레반트 | 14 | 14 |
| 바르바리 | 12 | 12 |
| 프랑스 | 273 | 273 |
| 아메리카 식민지(미합중국 제외) | 109 | 109 |

출전: 그루그만스, 암스테르담의 역사, IV, pp. 260-261, Fernand Braudel 전게서에서 재인용.

## X. 대외협상력에서 강한 정부

1585-1587년 동안, 당시 공식적으로는 영국의 엘리자베스 여왕의 보호하에 있던 네덜란드에 여왕이 레스터 백작을 파견했다. 그는 네덜란드에게 스페인과의 상업관계를 완전히 단절할 것을 진지하게 제의했다. 그러나 이것은 웃음거리밖에 안 되었다.

프랑스 루이 14세가 스페인령 네덜란드를 위협하자 1668년 네덜란드는 영국 및 스웨덴과 삼국동맹을 맺는다. 당시 네덜란드 권력자 대사법관 얀 데 비트와 루이 14세의 대사 간에 협상에서 토의내용은 네덜란드 측이 태양왕 루이 14세의 대표에 대해서 전혀 열등감을 느끼지 않고 차분하게 왜 프랑스가 네덜란드를 마음대로 요리할 능력이 거의 없는지를 설명하고 있다. 네덜란드 정부는 약한 것이 아니라 강력했으며 적극적으로 상업이익을 보호하는 정책을 추구했다고 할 수 있다.

네덜란드의 부는 발틱 지역과 스페인으로부터 동시에 유래한 것이다. 1585년 스페인이 안트워프를 점령함으로써 세계경제에서 암스테르담이 차지하는 일급 지위는 완성된다.

## XI. 식민지 경영과 장거리 연안무역

1602년 네덜란드는 동인도 회사를 설립한다. 아시아에서 최대의 부를 얻는 길은 서로 멀리 떨어져 있고 상이한 지역들간의 교역을 수행하는 것이다. 이것을 장거리 연안무역이라고 한다. 한 지역의 산물이 다른 지역의 산물을 구매하는 열쇠가 되고 다시 이것이 그 다음 것을 구매하는 열쇠가 되는 식이다. 네덜란드는 유럽에서 연안무역을 장악하였듯이 아시아에서 연안무역을 장악한다.

물물교환만으로 충분치 않은 곳에서는 우선 귀금속이 개입하여 화폐의 역할을 수행한다. 극동지역의 무역에서 상품, 귀금속, 크레딧 증서로써 교환이 이루어졌다. 유럽에서 유입되는 귀금속만으로는 불충분했고 극동의 교역을 수행하면서 기회가 생기는 대로 각 지방의 귀금속, 예컨대 중국의 금, 일본의 금화인 고방(小判)이 이용되었다. 네덜란드 인들이 페르시아의 비단시장을 회피하게 된 일견 납득이 어려운 현상도 이들이 페르시아 비단을 기피해서가 아니라 이 지역과의 무역수지에서 흑자를 유지해서 그들의 수풀상품에 대한 지불을 금화와 은화로 받고 싶어했기 때문으로 풀이된다. 동인도 회사로서는 그렇게 해서 금속화폐의 수입원을 유지하려고 했던 것이다.

이 회사는 페르시아 비단 대신에 중국제 비단이나 벵골제 비단을 교역할 수 있었다. 이들은 일본에 특권적 접근을 확보하였다. 또한 육두구(muscade), 정향, 계피 같은 고급 향신료 무역에 효과적이고 지속적인 독점체제를 확보하였다. 예컨대 좁은 섬지역으로 생산을 제한하여 그것을 단단히 유지하고 시장을 장악한 다음 다른 곳에서 같은 상품을 생산하지 못하도록 하는 것이다. 고급향신료는 네덜란드에서만 잘 팔리는 물품이 아니다. 이 향신료들은 극동지방에서 최상의 교환화폐의 역할을 했고 많은 시장들을 여는 열쇠가 되었다.

네덜란드 동인도 회사가 특권적 교역 상품으로 개발한 교환화폐는 그 밖에도 다수가 있다. 수라트, 코로만델 해안, 벵골 등지에서 온갖 종류의 인도

직물을 대량 구입했다. 그리고 수마트라에서 이것을 후추, 금, 장뇌(camphor) 등과 교환했다. 다음에 시암에서 코로만델산 직물을 향신료, 후추, 산호 등과 함께 팔아서 주석, 사금가죽, 코끼리, 금을 구입하였다. 티모르의 산탈(紫檀)은 중국, 벵골에서 인기가 높았다. 벵골에서는 비단, 쌀 및 다량의 초석이 구입되었으며, 일본의 구리 및 자바의 설탕은 유럽으로 우송되었다. 페구 왕국에서는 라카, 금, 은, 보석 등을 구입하고, 대신 향신료, 후추, 산탈, 목재, 골콘다와 벵골의 직물 등을 팔았다.

## XII. 창고무역과 독점상권

항구에 빽빽이 모여있는 선박들, 운하 위에서 떠다니는 거룻배들, 거래소의 상인들, 끊임없이 창고에 모여들었다가 다시 빠져나가는 상품들.. 이것이 17세기 암스테르담의 풍경이다. 선단이 하나 연안에 들어오면 4-5일 만에 하역을 마친 선박들은 새로운 항해준비를 한다. 상품들은 창고에 준비되고 거래소 상인들이 중개인 도움으로 상품들을 유통시킨다. 1721년 영국상품이 네덜란드 선박에 실려 암스테르담에 들어간 뒤에 뫼즈 강이나 라인 강을 통하여 프랑스로 간다는 사실에 영국인들은 놀라고 있다.[10)]

창고체제(저장과 보관)에 의한 상품독점 그리고 해상 및 운하 망을 통한 물류체널의 확보, 이것이 네덜란드 상업의 핵심적 전략이다. 방대한 물량의 효율적 유통은 금융 및 크레딧 제도의 매개를 전제로 한다. 암스테르담 은행

---

10) Charles King, *The British Merchant*, 1948, Fernand Braudel 전게서에서 재인용.

에서는 모든 것이 장부상의 기입(ecriture)으로 이루어진다. 예금주들은 계좌이체를 통해서 지불을 한다. 암스테르담이 발권은행을 가지고 있지 않았던 이유는 청산(clearing)방식에 의해서 많은 거래들의 지불결재가 가능하였기 때문으로 보인다.

크레딧은 상업에 필수 불가결한 수단이지만 암스테르담에서는 핵심적인 금융제도였다. 크레딧의 존재는 비정상적일 정도로 많은 양의 상품을 사들여서 보관 했다가 몇 달 뒤에 재수출하기 위해서 반드시 필요하였고, 또한 다양하게 선불을 제공할 수 있는 금융수단으로 크레딧을 가지고 있다는 것은 외국인에 대해서 네덜란드 대상인들의 협상력을 높이는 유리한 무기인 셈이다.

위탁교역은 자기소유의 교역에 반대되는 것으로 다른 사람의 계정으로 상품을 거래하는 것을 말한다. 암스테르담에서는 비동등한 계약이 주종을 이루었다. 암스테르담 대상인이 구매위탁을 받는 경우 구매위탁을 한 외국 상인은 크레딧을 받게 된다. 외국 상인은 자신들이 수령한 대상물에 대한 지불을 상품 수송 후 2-3개월 후에야 하게 되는데 이것은 구매자인 그들에게 4개월의 크레딧을 주는 것과 같다.

상품 판매와 관련해서는 지배관계가 더욱 뚜렷하다. 어느 상인이 네덜란드 대위탁상에게 상품을 보내면서 어느 가격으로 팔라는 지시를 하면, 이 위탁상은 그 상인에게 그 지정가격의 1/4, 1/2, 심지어는 3/4까지 선불해준다. 이 선불에 대해서는 판매인이 일정한 비율의 부담금을 계상한다. 많은 경우에 크레딧을 동반한 위탁은 암스테르담에 상당 양의 상품이 모여들도록 만들었다. 왜냐하면 이곳에서는 아주 낮은 이자로 상품가치의 3/4 이상을 빌릴 수 있기 때문이다.

## XIII. 금융의 주도권과 신용 창출

18세기 후반 암스테르담의 창고업이 쇠퇴하면서 위탁교역도 변화했다. 예컨대, 보르도 상품이 암스테르담을 거치지 않고 바로 상트 페쩨르부르그로 수송되고 암스테르담이 융자를 해주는 방식이 가능하게 되었다. 암스테르담의 금융지원이 이 계약의 결정적 고리가 된다. 이 거래에서 암스테르담은 금고이고 네덜란드인들은 전 유럽의 은행가들이 된다.

환어음의 인수란 그 어음에 서명하고 거기에 적혀 있는 금액에 대해서 자신이 주요 채무자가 되는 것을 인정해서 정해진 날짜에 그 금액을 갚기로 하는 것을 말한다. 인수교역은 수많은 환어음들과 관계를 맺는 것이다. 환어음은 오랫동안 유럽에서 가장 중요한 상업증서였다. 현찰 대신 상업에서 유통되었으며, 양도, 배서, 할인, 환어음과 역환어음 등으로 인해서 환어음은 한 곳에서 다른 곳으로, 한 상인에서 다른 상인으로, 위탁인에게서 위탁상으로, 대상인에게서 그의 대리인이나 할인업자에게로 이전되었다.

당시의 조건에서 대상인들은 크레딧으로 매매할 수 있는 능력이 있어야 했다. 따라서 어음을 발행하게 되는데 이 어음은 현찰, 상품, 혹은 다른 유가증권으로 결제가 이루어질 때까지 유통된다. 이탈리아 상인들은 이미 15세기 배서와 상환어음(rechange)의 기법을 도입한다. 18세기 네덜란드에서는 어음이 실제 화폐에 비해 4배, 5배, 10배 또는 15배나 되었다. 어음의 대 범람은 상인들이 탄탄한 자산을 가지고 있다는 것 그리고 그것을 바탕으로 하는 대상인들에 대한 신용 정도를 말해준다. 이러한 신용에 기반을 두고 융통어음이 발행되기도 한다.

암스테르담의 일급 대상인 10-12명이 모이면 이들은 현찰보다 사람들이 더 선호하는 지폐로 2,000만 플로린을 금세 유럽 전역에 유통시킬 수 있었다. 당시 군주 중에서도 이런 일을 할 수 있는 사람은 없었다. 즉 국가가 아니면서 사인의 집단이 탄탄한 신용을 바탕으로 화폐 주조의 기능을 행사하는 것이다.

## XIV. 자본축적과 국제금융업

네덜란드의 상업적 번영은 자본잉여를 가져왔다. 이 잉여는 너무 커서 유럽 상업계에 공급하는 크레딧 형태로는 다 소화할 수 없을 정도였다. 18세기 유럽 각국에서는 거의 쓰이지 못하거나 쓰이더라도 아주 불리한 조건을 감수해야 할 정도로 남아도는 돈이 많이 있어서 군주들로서는 이 돈을 쓰려면 단지 요구만 하면 될 정도였다.

18세기 후반 암스테르담 경제는 넘치는 자본으로 창고무역은 사양산업이 되고 금융대부업, 투기적 금융업에 치중하는 구조로 바뀌게 된다.

[표 2]는 18세기 말경 네덜란드 자본의 상당부분이 해외에 투자되고 있음을 보여준다. 1763년, 1772-1773년, 1780-1783년 금융위기는 상업증권의 신용구조에서 발생하는 크레딧의 위기와 연결된 것들이다. 7년 전쟁(1756-1763) 기간 중에 중립을 지켰던 네덜란드는 어마어마한 상업상의 번영을 구가하였다. 활발한 상업활동에 기반한 무질서한 인수활동, 다른 회사에 발행한 다른 환어음을 가지고 만기가 된 환어음을 지불해주는 활동, 연쇄적인 융통어음 발행이 이어졌다. 그러다가 갑자기 할인업자들이 유가증권의 할인을

거부하게 된다. 지나친 크레딧 생산으로 할인을 할 수 없는 상황이 된 것이다. 이 위기는 암스테르담만이 아니라, 베를린, 함부르크, 알토나, 브레멘, 라이프치히, 스톡홀름 그리고 런던을 덮쳤다. 금융경색, 연쇄도산이 이어졌다. 암스테르담의 거래소는 마비되었다. 이러한 거듭된 금융위기를 계기로 세계경제의 주도권은 암스테르담에서 런던으로 넘어가게 된다.

[표 2]

1782년의 네덜란드의 자본

대사업관인 반 데르 스피겔의 추산에 따르면 네덜란드의 자본은 10억 플로린에까지 이르렀는데 다음과 같이 투자되었다.

| | | | |
|---|---|---|---|
| 해외대부 | 3억 3500만(이중 | 영국 | 2억8000만 |
| | | 프랑스 | 2500만 |
| | | 기타 | 3000만) |
| 식민지 대부 | 1억 4000만 | | |
| 국내 대부(주, 회사, 해군성) | 4억 2500만 | | |
| 환거래 | 5000만 | | |
| 금, 은, 보석 | 5000만 | | |

출전: Y. 데브리스, 「네덜란드의 부」, 1927, Fernand Braudel 전게서에서 재인용.

## XV. 상업발달과 제도발달

농촌과 구분되는 도시가 일반적 지역공동체 단위로 확립되어 있었다는 것은 중세유럽의 특징적 현상이다. 이미 9-10세기에 도시가 만들어지기 시작하였고, 13세기 초가 되면 독일에서만 3,000개의 도시가 있었다.

도시와 도시경제는 시장과 교환을 전제로 한다. 도시는 다른 도시와 상업유통망으로 연결된다. 전국시장이 형성되고 세계시장으로 연결된다. 북부유럽 시장, 남부유럽 시장, 이 둘이 연결되는 상파뉴 정기시, 지중해 무역으로 연결되는 실크로드 무역, 대서양으로 연결되는 동인도무역, 서인도무역 등이 세계시장이다.

범세계적 규모의 유통시장이 운영되고 있었다는 것은 상거래 관습이 정착되기 시작하였다는 것을 의미한다. 12세기 말부터 13세기 초까지 14세기는 더 분명하게, 세계시장의 중심이었던 베네치아에서는 상점, 창고, 정기시, 조폐국 뿐만 아니라, 기입(scritta)라는 방법을 이용한 계좌간 이체를 통한 거래결제 제도가 있었고, 당좌대월 제도까지 있었다.

시장경제는 재산권, 계약, 불법행위 등 제도발전을 전제로 한다. 13세기 초 이미 유럽은 이러한 시장제도가 운영되고 있었다. 이것은 대헌장(Magna Carta, 1215)와 일치하는 시기이며, 르네상스 보다 2세기가 빠르다.

시장제도가 확립되지 못했다면, 이러한 광범위한 유통경제의 성립은 불가능하다. 상업의 발달은 시장제도의 발달을 촉발하고, 일단 확립된 시장제도의 발달은 다시 상업의 발달을 촉진하는 순환작용이 이루어진다. [그림1]은 상업발달과 제도발달 사이의 순환작용이 유럽 자유주의 문명 발달의 기초적 동력임을 도식으로 표현하고 있다. 상업발달은 연대기적으로 자유주의 제도발달의 그 어느 연대보다 앞서고 있다. 15세기 베네치아에서는 이미 자본주의 제도의 면모가 분명하게 나타나고 있다.

도시의 공기는 자유롭게 만든다. 시장의 제도적 발전이 자유주의 제도발전을 견인한 것이다. 적어도 역사적으로 자유주의의 제도발전이 시장의 제도적 발전을 견인한 것이 아닌 것은 분명해 보인다.

# XVI. 산업혁명의 이데올로기

[그림 1] 자유주의 제도의 발달

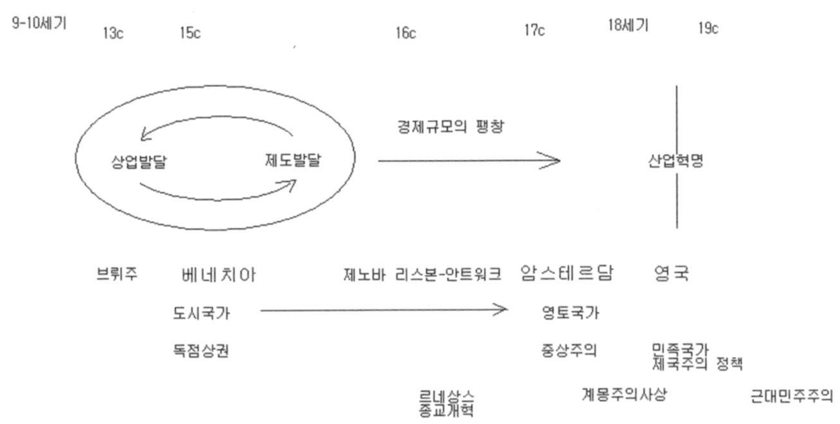


상업발달이 시장제도 발달을 촉발하고 시장제도의 발달이 상업발달을 가능하게 하는 순환구조는 그 결과로 시장유통망을 확대하였으며 또한 도시경제, 전국시장 경제, 세계시장 경제의 규모를 팽창하였다. 18세기 네덜란드와 영국에 의해서 주도되는 세계유통시장의 규모는 이미 산업혁명을 예고하는 수준에 도달하게 된다.

아담스미스가 증언한, 핀 공장에서 이룩한 240배의 생산성 증가는 이렇게 그것을 모두 유통시킬 수 있는 상업유통망이 확보되었기에 가능하였던 것이다.

흥미로운 질문은 '만약 영국에서 산업혁명이 일어나지 않았다면, 산업혁명이란 존재할 수 없었을까?' 하는 것이다. 이 질문에 답하기 위하여 당시 영국의 과학수준, 기술발명, 자유로운 제도에 초점을 맞추어 논의를 전개하는 것은 적절해 보이지 않는다. 다만, 당시 확립된 세계시장의 규모팽창은 기술혁신에 의한 생산공급의 팽창을 충분히 소화할 수 있었고, 또한 지속적 상업활동의 추구를 위하여 그러한 공급규모의 확보를 필요로 하고 있었다.

이것은 아담스미스의 분업이론, 중상주의에 대한 비판과 자유무역정책의 논리가 산업혁명 시대의 논리라는 가설이 만들어질 수 있음을 말한다. 이미 세계시장의 상업유통망을 점령하고 산업혁명의 기술혁신에 의해서 혁명적 생산성 증가를 경험하고 있는 영국으로서는 자유무역의 원리는 영국의 입장을 대변하는 논리라고 할 수 있다.

물론 산업혁명 이후 세계경제는 질적 변화를 경험하였다. 세계시장의 규모도 더 이상 범선으로 물건을 운반하던 시기의 규모가 아니다. 뿐만 아니라 다른 나라가 영국의 산업혁명을 모방함에 따라서 기술발전이 일반화 하면서 세계 각국의 소득도 급격히 증가한다. 이러한 경제규모와 세계시장 규모의 동반 팽창현상은 세계시장의 유통망을 독점체제로 유지해야만 경제의 주도권이 확보될 수 있는 시대의 수준으로부터 영원히 이탈하였다는 것을 의미한다.

상업 자본주의 시대에서 산업자본주의의 시대, 즉 아담스미스의 세기가 도래한 것이다.

그러나 그렇다고 해서 세계시장의 규모가 제한적이고 상업유통망이 소수 국가에 독점될 수밖에 없었던 시대의 원리, 즉 중상주의가 틀린 주장이라고 할 수는 없다. 시장을 선점해서 지켜야 하고 그러기 위해서 군대와 금이 필요하고, 따라서 국제수지의 흑자기조는 불가피했던 것이 당시의 사정이었다. 산업혁명이 세계시장의 모든 것을 바꿔놓았다.

## XVII. 국민국가 시대의 도래와 계몽주의 사상

세계경제 주도권이 네덜란드에서 영국으로 넘어가게 된 것은, 세계시장의 규모가 커져서 더 이상 상업유통을 전문화하고 있는 도시국가 체제로 세계시장을 운영하는 것은 한계에 도달하였음을 의미한다고 볼 수 있다. 산업생산의 공급체계를 상업유통과 결합시키지 못하고는, 이미 규모가 팽창하고 국민소득의 급격한 상승으로 구조적으로 변해버린 세계시장에 주도권을 잡을 수 없게 된 것이다.

이 시기 이후 주체적 입장에서 세계경제를 운영하는 역할은 도시국가(네덜란드는 도시국가와 영토국가의 중간적 위치라고 할 수 있다)에서 영토국가로 넘어가게 된다. 영토국가는 정치적으로 국민국가의 성격을 갖게 된다. 이 시기가 계몽사상이 꽃 피는 시기이다.

상업활동을 통하여 발달한 시장제도의 원리(재산권-기본권, 계약-사회계약)가 자유주의 사상의 기반을 형성하는 데 기여하고 자유주의 사상이 국민국가의 정치적 틀을 만드는 원리, 즉 자유주의 정치원리를 만들어 가는 시대가 도래한 것이다([그림2] 참조). 산업혁명 시기와 계몽사상가들의 시기가 연대기적으로 일치하는 것을 우연이라고 할 수 있을까?

그러나 이 시기는 민족주의가 대두되고, 대외적으로는 세계열강이 제국주의를 표방하고 세계경제의 주도권을 놓고 대립하는 시기이기도 하다. 나폴레옹 원정을 프랑스 민족주의의 실현이라고 본다면, 지나치게 편협한 견해라고 하겠지만, 단순히 자유주의 이념의 전도사라고 하기에도 어색한 것은 사실이다. 프랑스의 민족주의는 영국 제국주의를 의식하고 있었고, 독일

통일과 독일 민족주의 대두는 나폴레옹의 침략으로 자극을 받았다.

## XVIII. 상업발달과 제도발달의 장기적 순환구조

상업발달이 시장제도 발달을 촉발하고 시장제도 발달이 상업발달을 지원하는 순환적 구조는 제도발전의 근본적 결정요인이다. 이 순환구조적 제도발전에서 상업경제의 발달과 근본적 시장제도(재산권, 계약 등)의 발달을 비교하여 어느 것이 순환구조적 제도발전을 견인하였는지 묻는다면 전자가 먼저 출발하는 것으로 볼 수 있을 것이다.

이 순환구조적 제도발전 과정을 자생적 질서가 작동하는 세계라고 한다면, 장기적으로 자생적 질서의 세계가 자유주의 제도의 발달을 만들어 간다고 말할 수 있다. 그러나 이것은 인간의 의지로 제도를 만들 수 있는 영역의 세계가 아니다. 수세기를 놓고 본다면, 장기적으로는 우리가 원하든 원치 않든 상업경제의 발달이 자유주의 제도 발달을 만들어 가는 것이다.

그러나 이 순환구조적 제도발전 과정이 자생적 질서가 작동하는 세계라는 의미는 장기적으로 정부의 개입에 의한 또는 인위적 개입에 의한 제도발전 원리의 변화가 초래되지 않는다는 의미이지, 중단기적으로는 자생적 질서의 원리가 작동하는 것이 아니다. 따라서 중단기적으로 인위적 질서의 개입, 정부의 역할은 그 영역이 존재하고 있다고 할 수 있다.

[그림 2] 장기적 제도발달과 중단기적 제도변화

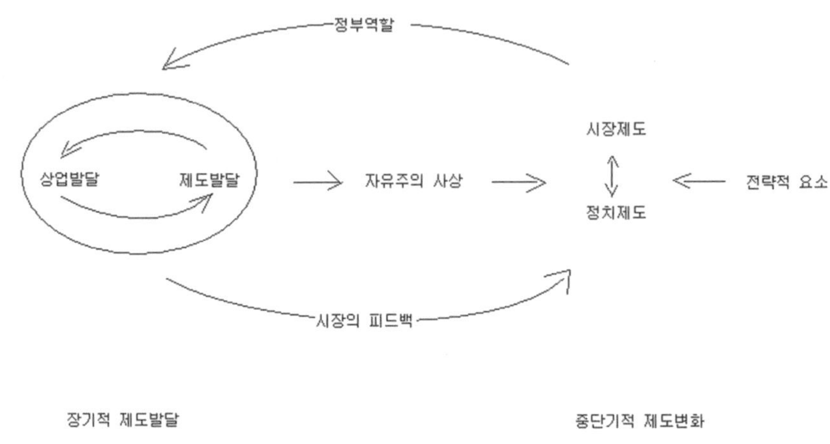


## XIX. 중단기적 제도변화와 정부역할

[그림2]에서 정부역할이라고 표시한 것은 정부정책이 이 순환구조 메커니즘 원리에 변화를 준다는 것을 의미하는 것이 아니고 그때 그때의 움직임의 지표에 영향을 준다는 것을 말한다.

이 순환구조적 제도발달 과정이 자유주의 사상에 영향을 미친다. 자유주의 사상은 경제적으로 국가 시장경제체제의 근간을 만드는 구조물(중앙은행제도, 공정거래제도, 조세제도, 예산제도 및 정책수행을 위한 정부 내 경제조직 구조원리)을 만든다. 정치적으로는 삼권분립제도, 헌법제도, 지방자치제도의 구조원리 등을 만든다.

단기적으로는 행정수도이전정책, 총액출자액제한제, 한미 FTA 등의 정책, 심지어는 경기 운영정책등과 같은 전략적이고 정책적인 각도에서 출발하는 정책적 요인들로 구성된 단기적 시장제도, 정치제도가 있다.

이 중단기적 제도변화에는 정부의 역할이 작동한다는 점이 순환구조적 제도발달 과정과 근본적 차이점이다. 순환구조적 제도발달과정에는 인위적 개입의 여지가 전혀 없다는 점을 상기한다면, [그림1], [그림2]로 표현된 역사적 제도발전모델은 중단기적으로 정부의 역할을 인정하고 있는 그림을 그리고 있다.

이것은 경제 및 정치의 현실적 현상과 일치한다. 21세기에 들어서도 우리가 생활하는 현실의 시간과 공간에서는 선점, 독점, 독점의 유지가 개인에게나 국가에게나 당면과제가 된다. 개인들은 공공선택의 정치경제학이 지배하는 사회에 살고 있다.

도시국가의 상업유통망은 독점을 전제로 하여 성립하였다. 국민국가에서도 국가간의 대립은 경제적 이해관계의 선점, 독점의 확립과 유지를 위한 것이었다. 이제 21세기 산업후기 사회에서 이 문제가 근본적으로 없어졌다고 할 수 있겠는가?

교역재는 비교역재와 같지 않다. 무역이나 산업화는 누구에게나 어느 나라에게나 저절로 이루어지는 것이 아니다. 기술혁신도 거듭된 상업 및 산업활동이 있는 곳에서 더 빈번히 나타나게 된다. 임금이 낮다고 그 국가가 모두 노동집약재를 수출하는 것은 아니다. 그 중에서 선택된 국가만 그것을 할 수 있을 뿐이다.

영국이나 네덜란드는 모두 효율적인 자신들만의 정치 모델(영국-의회주의, 네덜란드-7개연방의 신분의회)을 발전시킴으로서 자유로운 정책을 지향하지만 강력한 정부를 수립하는데 성공하였다. 강한 정부는 대외적으로 자국민의 이익추구에 효과적인 전략을 구사할 수 있었다.

## 참고문헌


나종일, 송규범 공저, 『영국의 역사』, 2005 한울.

Fernand Braudel (1986), *Civilisation Materielle, Economie et Capitlisme*, XVe-XVIIIe Siecle, 주경철역, 『물질문명과 자본주의』 1996, 까치글방.

William Bernstein (2005), *The Birth of Plenty*, 김현구 역, 『부의 탄생』, 시아출판사 2005.

Wilhelm Abel (1966), *Agrarkrisen und Agrakonjunktur.*

Adam Smith (1776), *The Wealth of Nations*, edited by Edwin Cannan, M.A., LL.D(1937), The Modern Library, New York.

J. H. Slicher van Bath (1966), *The Agrarian History of Western Europe*, A.D. 500-1850.

Yves Renuard (1969), *Les Villes d'Italie de la fin du Xe au debut du XIV siecle.*

# 관계교환경제학

**초판1쇄인쇄 |** 2013년 8월 27일

**지 은 이 |** 이성섭

**펴 낸 이 |** 한헌수

**펴 낸 곳 |** 숭실대학교 출판국
서울특별시 동작구 상도로 369

등록 제14-2호(1982.1.25)
TEL 02-820-0771~2
FAX 02-817-5297
http://press.ssu.ac.kr

**찍 은 곳 |** 파피레드
TEL 02-555-2458

값 15,000원

ISBN 978-89-7450-314-7